学术顾问：李学勤

罗哲文

俞伟超

曾宪通 彭卿云

民族大危机时期

李 默／主编

中华文明是人类历史上最伟大的文明之一，是人类文明发展的主要构成。中华文明丰富、深刻、辉煌、博大，在人类文明中的骨干作用和领导作用为人所共知。在人类文明的发源时期，中华文明就是四大古文明之一，是地球上文化的策源地之一。

广东旅游出版社

GUANGDONG TRAVEL & TOURISM PRESS

悦读书·悦旅行·悦享人生

中国·广州

图书在版编目（CIP）数据

民族大危机时期 / 李默主编 . — 广州：广东旅游
出版社，2013.1（2024.8 重印）
　ISBN 978-7-80766-441-3

Ⅰ . ①民… Ⅱ . ①李… Ⅲ . ①洋务运动—研究 Ⅳ .
① K256.107

中国版本图书馆 CIP 数据核字 (2012) 第 276559 号

出 版 人：刘志松
总 策 划：李　默
责任编辑：张晶晶　黎　娜
装帧设计：盛世书香工作室　腾飞文化
责任校对：李瑞苑
责任技编：冼志良

民族大危机时期
MIN ZU DA WEI JI SHI QI

广东旅游出版社出版发行
（广东省广州市荔湾区沙面北街 71 号首、二层）
邮编：510130
电话：020-87347732（总编室）020-87348887（销售热线）
投稿邮箱：2026542779@qq.com
印刷：三河市嵩川印刷有限公司
　　　（河北省廊坊市三河市杨庄镇肖庄子村）
开本：650×920mm　16 开
字数：105 千字
印张：10
版次：2013 年 1 月第 1 版
印次：2024 年 8 月第 3 次印刷
定价：45.80 元

出版者识

　　《话说中华文明》是一部全景式图文并茂记录中国文明历史的大书。出版者穷数年之力，会集各方力量——专家、学者、编辑、学术顾问们，在浩如烟海的历史档案、资料、著作中，探珍问宝，追寻中华文明在悠悠历史长河中的灿烂之光。此书的出版，凝聚了编撰者的心血，学术顾问们的智慧。尤其是李学勤先生，亲自动笔写下了序言，更增加了本书沉甸甸的分量。

　　中华文明的历史充满了辉煌与苦难，成就和挫折。它的历史无处不在，决定着我们中国人今天的思想和感情。当今的中国和中国人是中华文明的历史造就的，是中华文明的历史的延伸，也是它的一个组成部分，中华文明的历史之河奔流到现在。

　　中华文明是人类历史上最伟大的文明之一，是人类文明发展的主要构成。中华文明丰富、深刻、辉煌、博大，在人类文明中的骨干作用和领导作用人所共知。在人类文明的发源时期，中国就是四大古国之一，是地球上文化的策源地之一。在人类文明的早期，中华文明成为文明在东方的支柱，公元前后200年间，人类的汉帝国与罗马帝国这两只铁手攫住了地球。在欧洲进入中世纪的时候，中华文明更成为人类文明最主要的领导，它的文明统治东亚，传遍世界。进入近代，中华文明处于自身的重压和西方的欺凌下，但中国人民的斗争史和奋起精神是人类文明历史中不可缺少的一页。

　　五千年的中华文明为人类贡献出了从思想家孔子到科学技术的四大发明、从唐诗宋词到长城运河的伟大创造，贡献出了从诸子百家到宋明理学，从商周铜器到明清文学的深刻内涵，也贡献出了从五霸七强到三国纷争、从文景之治到十大武功的辉煌历史。中华文明的历史绚烂多彩，在人类文明的历史长河中永放光芒。

　　中华文明也是人类历史上最独特的文明，没有哪一个文明像中华文明这样持久，这样统一一致。世界上其他文明不但互相交错，其创造者也都与高加索体质的人种有关，它们是姐妹文明。在人类历史中，只有中华文明才是独特的，它的创造者是中国土地上的中国人民，与其他任何地方的人民都没有关系，它的文化是统一一致的文化，可以不依赖于其他任何文明而生存，但中华文明也绝不是封闭的，它接受他人的文化，也承担自己对于人类的责任。

　　人类进入新世纪，中国的社会经济发展令世人瞩目。人们对于世界未来的政治和经济结构的估计无不以东亚和太平洋为中心，而尤以中国为重点。

　　经济起飞只是当代中国的一个方面，中国的精神文明的建设尤为刻不容缓。如果中国要自觉地发展中华文明，要有意识地使中国的发展具有世界意义，就必须发展强有力的精神文化,这样才能使中华文明的发展进入一个新的阶段,才能形成中国和中华文明的全面现代化。

而中国的精神文化的发展植根于中华文明的伟大传统之中。进入近代之后,在西方文化的冲击下,对于中国文化的价值产生大量的情绪化和激烈冲突的论调。"五四"运动打倒孔家店的口号具有冲破封建束缚的时代意义,对中国文化的发展有不容否认的正面意义,与文化虚无主义是完全不同的。文化虚无主义者否定中国传统文化,在现代化的旗帜下主张全盘西化;而复古主义则沉迷于中国文化的古董,走进反进步、反科学的泥潭。

历史的发展则超越了所有这些论点,产生这些论调的一百多年来的中国近代史已经结束。历史要求中国发展,要求中国走在全世界发展的前列。西化论和复古论都已过时,历史已经要求世界超越西方,中国可以承担起世界的命运,而中国的现实和世界的历史都说明,中国的使命在于它的发展前进,而非倒退。

中华文明走出迷惘的时代,我们这一代处在一个伟大而具有挑战的历史阶段。

总结历史、展望未来,这就是《话说中华文明》的意义和使命。我们创作《话说中华文明》,力求总结和回顾中华文明的全貌,在内容和形式上都开创一个新的局面。在内容结构上,既具有一定的深度,又具有相当的广博性,既有严谨、准确的学术价值,又有活泼、流畅的可读性。我们在本丛书内容纳了中华文明的各个方面,使它综合了大规模学术著作的系统性、严密性和普及读物的全面性、简易性,它既可作为大型工具书检索中华文明的各个成分,又可作为通俗的读物进行浏览。

我们从上世纪 90 年代初起就开始思考中华文明的历史和现实问题,并逐渐形成了编著《话说中华文明》的设想。在开展这项庞大的文化工程之始,我们就聘请了国内权威学者李学勤、罗哲文、俞伟超、曾宪通、彭卿云诸先生担任学术顾问,他们对计划作了充分讨论,并审阅了大量初稿。我们聘请了广州、香港地区的社会科学学者、大学教师、研究生以及我社编辑人员几十人担任稿件的撰写工作。

通过创作这部书,我们深深地感受到了中华文明的博大精深,也感受到了它的内在缺陷。中华文明具有辉煌的时期,也有苦难的年代,有它灿烂的成就,也有其不足的方面。中华文明在自身中能够吸取充分的经验和教训,就能够使自身健康壮大,成长发展。

通过创作这部书,我们也深深感受到了出版事业的使命和重任。我们希望这部书能受到广大读者的喜爱,起到它所应当起的作用。为中华文明的反省、前进和奋起作一点贡献。

目 录

民族大危机时期

民族大危机时期

清朝

第二次鸦片战争爆发

　　咸丰六年（1856），英国以亚罗号事件为借口，于九月二十五日进攻广州，挑起第二次鸦片战争。两广总督叶名琛不事战守，致使英军一度攻入城内，后旋即撤出广州，退据虎门待援。咸丰七年，法国以马神甫事件为借口，与英国组成英法联军，以额尔金和葛罗为英、法全权代表，各率海陆军到达香港。十一月十四日攻陷广州，叶名琛被俘，后解往印度，死于加尔各答监狱。

　　咸丰八年四月，英法联军集兵舰于白河口外，对清政府进行讹诈，俄、美公使则充当调停人从中要挟。清政府初未就范。四月八日，英法联军攻陷大沽炮台，扬言进犯北京。清政府赶紧派大学士桂良、吏部尚书花沙纳前往

进入北京的英法联军

英法兵舰炮轰大沽炮台

议和，五月先后与四国签定了《天津条约》。沙皇俄国还指使东西伯利亚总督穆拉维约夫以武力胁迫黑龙江将军奕山在中俄《瑷珲条约》上签字。

　　咸丰九年五月，英法美公使拼凑联合舰队北上，武装换约。清政府因大沽设防，指定三国由北塘登陆，去京换约。英法公使蓄意挑衅，坚持从大沽登陆，并向大沽炮台发炮。清军在僧格林沁指挥下奋起还击。英舰队司令何伯受伤，英、法舰队在美舰支援下狼狈撤走。

　　咸丰十年，英法联军以更大兵力再次入侵。由于僧格林沁在北塘不设防，致使侵略军在北塘顺利登陆。尽管清军进行了英勇抵抗，七月五日，大沽炮台失陷。七月八日，敌兵占领

天津。然后侵略军指向北京，清军在通向北京的要隘张家湾、八里桥一带英勇抵抗，但都遭败绩。八月八日，咸丰帝仓惶逃往热河。侵略军进犯北京，八月二十二日至二十五日圆明园被敌军所焚毁。恭亲

中英《天津条约》签字。

王奕䜣与英、法分别签订了中英、中法《北京条约》。事后俄使自称"调停有功"，迫使奕䜣又与俄签立了中俄《北京条约》。

第二次鸦片战争使中国遭受巨大损失：英占九龙司地方一区；沙俄割去乌苏里江以东约40余万平方公里土地；公使进驻北京，加强了侵略者对清政府的影响和控制；增开口岸内地游历通商、海关雇佣外国人、子口半税、内地传教、鸦片贸易合法化和准许华工出国等款，使外国侵略势力由沿海扩展到内地，中国的独立主权又一次受到严重损害。清朝统治阶级在侵略者打拉结合下，终于走向与外强勾结、共同镇压太平天国的道路。

第二次鸦片战争中，英法联军攻击天津大沽炮台。

石达开出走

咸丰六年（1856），太平天国发生天京事变，洪秀全在诛灭韦昌辉后，召石达开回京辅政。因其文武兼备，深得太平军广大将士的爱戴，被洪秀全封为"电师通军主将义王"，提理朝政。但是，洪秀全鉴于杨秀清、韦昌辉专权的教训，对石达开心存疑忌，并封其兄长洪仁发为安王，洪仁达为福王，以牵制石达开。安、福二王昏聩无能，却每每擅作威福，干预朝政。石达开对此深为不满，又对洪秀全的无端猜忌深为不安，终于受其心腹张遂谋的挑动，于咸丰七年五月离京出走。

离京出走后，石达开前往江西，他沿途张贴布告，表白自己无端遭迫害、不得已而飘然远行的苦衷。为了挽回石达开，洪秀全削掉两兄的王爵，送去镌刻义王金牌一道，表示尽弃前嫌，并附合朝文武求援表章。石达开仍置之不理，带走皖、赣精锐部队20万人独立行动，从此走向了分裂主义的道路。此后，从江西至浙江，后又攻入福建，因粮少米贵，遂转回江西入湖南、广西。咸丰九年十月攻取庆远（今宜山）后，对太平天国官制礼文多做更改，引起将士们的怀疑和反对。次年九月，彭大顺、朱衣点等所率

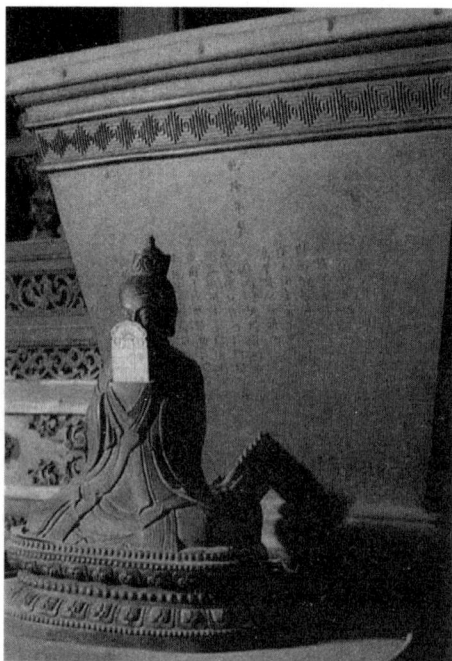

清代三级漏壶上的报时牌。其工作原理是：日天壶内装满水，依次滴漏到受水壶。上面三壶的宽和深依次减一寸，使平水壶保持水量常满。平水壶后壁上方有一孔，水多时即滴漏到下面分水壶，受水壶中的漏箭即指示时刻。图中漏壶下层的铜人手中所执即为报时牌。

20万大军与之决裂，"万里回朝"。他重聚数万人，于咸丰十一年再出广西，在湖南、湖北、贵州、云南、四川流动作战。同治二年（1863）三月，转至安顺场附近，为大渡河所阻。他进退无路，辎重尽失，妻儿7人投河自尽。石达开遂致书四川总督骆秉章，希望在保全其将士性命的前提下，赴死就难。四月，他亲自送5岁儿子石定忠到清营，随即被解往成都，受酷刑而死；其所遗部属被敌人施计杀害。

中俄签订《瑗珲条约》

咸丰八年（1858）四月，中俄签订《瑗珲条约》。

咸丰四年（1854）一月，沙皇尼古拉一世批准了狂热的扩张主义分子东西伯利亚总督穆拉维约夫提出的"武装航行黑龙江"计划。五月，穆拉维约夫率领舰船70余艘，运载侵略军近千名，不顾清政府的抗议，横蛮地闯过雅克萨、瑗珲等地，在黑龙江下游阔吞屯一带实行军事占领。咸丰六年末，沙俄把黑龙江下游地区和库页岛划归它的"滨海省"，设首府于庙街。

咸丰八年（1858），清政府对内忙于镇压太平天国，对外忙于应付英法联军的侵略。沙俄政府趁火打劫，四月初十日，派东西伯利亚总督穆拉维约夫率兵船至瑗珲城，与黑龙江将军奕山进行谈判，要求把黑龙江以北的领土割让给俄国。在整个谈判过程中，沙俄极尽威胁恫吓之能事，并把军队调到江边，昼夜鸣枪放炮。奕山这位在鸦片战争中被英国侵略者吓破了胆的清朝官员，再次被沙俄的炮舰所征服，终于在这年的四月十六日与穆拉维约夫签订了不平等的中俄《瑗珲条约》。

《瑗珲条约》的主要内容为：黑龙江北岸中国60多万平方公里的领土割归俄国，只有原来居住在精奇里以南至豁尔莫勒津屯（江东六十四屯）的中国人照旧"永远居住"；乌苏里江以东的中国领土为中、俄共管；原为中国内河的黑龙江、乌苏里江只准中、俄两国船只往来，别国不得航行。清政府没有批准《瑗珲条约》，并对奕山等人予以处分。

但沙俄侵略者却不管条约是非法的，欣喜若狂，把瑗珲北岸的海兰泡改名为"报苎城"（布拉戈维申斯克）。沙皇亚历山大二世特嘉封穆拉维约夫为黑龙江（阿穆尔）斯基伯爵。

中俄《瑷珲条约》使中国主权和领土蒙受重大损失，直到咸丰十年中俄《北京条约》订立时，清廷才被迫予以承认。

咸丰十年(1860)，沙俄公使伊格那提耶夫自称调停第二次鸦片战争有功，并以帮助镇压太平天国为诱饵，向奕䜣提出新的中俄东部边界条约草案，要求一字不能改。十一月十四日，清政府被迫签订了不平等的中俄《北京条约》。

顺天科场案发

咸丰八年（1858），顺天乡试，正主考为大学士柏葰，副主考为尚书李凤标、左副都御史程庭桂。数月后发榜，舆论哗然。中试前10名中有一个满洲人，名叫平龄，朱墨不符，且曾在剧院登台演戏。御史孟传金就此事上奏朝廷，请求究治审察。事关国家用人大计，咸丰帝亲自提其试卷检查，结果发现诗文中确实有很多悖谬不通之处。朝廷遂采取断然措施，将柏葰革职，李凤标、程庭桂调任，听候查办。

当时，户部尚书肃顺正为咸丰帝所倚重，肃顺因平时与大学士柏葰不和，便借此兴起大狱。通过进一步的调查发现：同考官郎中浦安为新中试之主事罗鸿绎通关节，中间人为兵部主事李鹤龄，左副都御史程庭桂之子程柄采也有收贿事，柏葰门丁靳祥亦染指其中。咸丰九年二月。判柏葰、浦安、罗鸿绎、李鹤龄、程柄采斩首，程庭桂遣戍，平龄、靳祥已死狱中，考官及新中举人流放降职革除者数十人。

何秋涛研究朔方史

清咸丰八年（1858），著名历史地理学家何秋涛写成《北徼汇编》一书。咸丰十年，皇帝赐名《朔方备乘》。

何秋涛(1824~1862)，字愿船，福建光泽人。他短暂的一生，正是外敌入侵、边疆地区危机四伏的时期。因此，他著的《朔方备乘》在当时有着直接的现实意义。

在《朔方备乘》中，何秋涛着重考察了东北、北方、西北的边疆沿革、攻守形势和中俄关系。在《北徼界碑考》、《库页附近诸岛考》等一系列考证中，具体记载了清初沙俄向我国东北边境扩张，两国交兵及我国在自卫反击战胜利后，主动作出某些让步，在两国边界划分疆界、分界立碑的史实。在《俄罗斯学考》、《俄罗斯馆考》、《俄罗斯互市始末》等考证中，则着重记载了自康熙年间两国定界议和后，经济文化上的友好往来。

对于祖国各民族的大团结，何秋涛极为重视。他认为各族人民的宗教信仰、生活习惯，不能强求一律。清朝前期在处理新疆、西藏、蒙古等问题时，尊重当地民族的风俗习尚，起到了稳定人心的良好作用。沙皇俄国对中国边疆地区的野蛮侵略，必定会遭到我国各族人民的反抗。在《土尔扈特归附始末》一记中，何秋涛不仅详述其始末，而且对此事的重大意义深致其意。

《朔方备乘》因着重于考察中俄边界的历史和现状，故进而考察了俄国的历史、地理以及中俄交通等有关的问题，从而开阔了边疆史地研究的视野。不少内容涉及到中俄关系和中西交通问题。这对了解域外情况也有重要价值。该书撰成、进呈、刊刻之时，正值《瑷珲条约》、《中俄天津条约》、《中俄北京条约》、《中俄勘分西北界约记》等一系列不平等条约签定之际，沉痛的历史，越发衬托出作者的爱国思想和远见卓识。

太平天国刊布《资政新篇》

咸丰九年(1859)，太平天国刊布洪仁玕著《资政新篇》，这是中国近代第一个谋求发展资本主义经济的纲领性文献。

洪仁玕（1822～1864），字益谦，广东花县人，太平天国领袖洪秀全的族弟，拜上帝会最早的信徒之一。金田起义后，他被清政府追捕逃往香港，任伦敦布道会宣教师。在香港期间，洪仁玕通过西方传教士，学习西方文化科学，了解欧美各国政治经济等情况，深受资本主义影响，成为中国近代具有资本主义思想倾向的先进人物。1858年他离港投奔太平天国，1859年4月抵达天京（今南京）后即撰写《资政新篇》，作为施政建议向洪秀全提出。

洪仁玕的《资政新篇》

《资政新篇》的基本思想是使太平天国效法西方，从"用人"与"设法"两方面，进行政治、经济、文化等多方面的改革。全文分前言、"用人察失类"、"风风类"、"法法类"、"刑刑类"5个部分。"用人察失类"强调"禁朋党之弊"，加强中央集权。"风风类"主要讲通过教化破除愚昧、骄奢等旧的思想习俗，倡导学习西方科学技术。"法法类"集中提出28条政治经济改革的立法主张。"刑刑类"着重阐述刑事立法和司法。《资政新篇》立意在中国试行资本主义经济，因而主要内容侧重经济方面的兴革。它强调治国立政应审时度势，西方"技艺精巧，国法宏深"，可为天国"取资"，并具体规定了太平天国应该兴办的新式生产和流通事业。如制造火车，修筑道路；制造轮船，疏浚河道；开办工厂，兴办矿业；创办银行，举办邮政等等。提出上述应兴之业，要由私人出资经营并取得利润；要实行专利权制度，鼓励发明创造；要实行雇佣劳动，禁止使用奴婢；要用教化和立法使无业游民及富贵"惰民"从事脑力或体力劳动。它反对闭关自守，要求严禁鸦片贸易，与欧美各国建立正常的通商关系。准许外国传教士和有技术的外国人到中国内地传教，教授技艺，但不准其毁谤中国国法。主张中国与外国在一定的章程规定下公平竞争。

洪仁玕出身农民阶级，受传统思想教育，但他著的《资政新篇》突破了封建地主阶级与农民小生产者的思想局限，为中国近代经济的发展指出了符合客观规律的方向，成为中国历史上第一个谋求发展资本主义经济的纲领性文献。它的出现，也间接地反映了一批已向资本主义转化的买办、商人投资兴办近代企业的愿望和动向。洪秀全在《资政新篇》上批有许多"是"、"此策是也"，表示赞同，并准予颁行。但因太平天国内部缺乏必要的主客观条件，《资政新篇》的进步主张没有也不可能真正付诸实施。

总税务司设立

在第二次鸦片战争和反太平天国战争后，中国的海关完全被帝国主义列强所直接把持，由外国人组成的关税管理委员会接管了上海海关。

咸丰九年（1859），原任上海税务司的英国人李泰国，被清朝官方任命为中国海关总税务司。后来，李泰国去职，继任者是英国人赫德（他担任总税务司一职长达45年之久）。在赫德手中建成了在外国帝国主义支配下的中国海关制度。按照这种制度，中国沿海12个商埠和沿长江的九江、汉口的海关的税务司都由总税务司委派英国人、美国人、法国人和其他外国人担任。

总税务司署设总税务司一人，副总税务司一人，均由洋人担任。下设五科三处：总务科、机要科、统计科、汉文科、铨叙科，各科设正、副主任，均用洋员。三处为造册处、驻外办事处、内债基金处，其主任也大都为洋人，仅少数副主任、帮办用华人。

税务司在名义上是清政府所派的海关监督的助理，实际上，各税务司都向总税务司负责。总税务司设官署于北京，总理衙门授权总税务司管理全部的海关工作。《天津条约》和《北京条约》所规定的"赔款"由关税收入中逐年扣交，所以这些洋税务司起着监督中国海关收入以保证对英、法的赔款如期偿清的作用。到了同治五年已经偿清了这些赔款后，这种殖民地管理性质的海关制度仍然保留着。

中国海关税收和行政大权交由外国人管理，标志着清政府对列强依附性的加深，也在传统专制政制机体上打开了一个更大的缺口，标志着中国在海关上已失去自主权。

1843年后由清政府管理的海关每年100万两的征额每年都完不成；而1859年交给外国人后，当年海关征税就达700万两，1871年后更超过1100万两。

里弄式居住区在上海出现

随着城市商业的繁荣，人口密集程度渐高，近代中国城市出现了各种不同的居住群落。这些群落有别于中国传统建筑，大多吸收了西方建筑的一些特点。

里弄住宅就是适应城市人口密集、用地紧张而从欧洲引进的一种密集居住宅邸。最早出现在19世纪五六十年代的上海。按不同阶层居民的生活需要又分为石库门里弄、新式里弄、花园里弄和公寓式里弄。

里弄住宅建筑风格亦中亦西，中西交汇，而布局紧凑，用地节约，空间利用充分。因而一出现即受到城市不同阶层居民的欢迎，并很快形成连片里弄住宅区。里弄住宅相继出现在汉口、南京、天津、福州、青岛等地的租界、码头和商业中心等，形成近代中国极富特色的住宅群落。

博济医院建立

咸丰八年（1858），十二月，博济医院在广州建立。

博济医院的前身是道光十四年（1834）来华的美国传教士伯驾开设的一家眼科医局。道光二十年因第一次鸦片战争爆发而一度停办，道光二十二年恢复。咸丰五年，伯驾出任美国外交官，医院改由另一位美国传教士、医生嘉约翰接办，后逢第二次鸦片战争，遂毁于战火。

咸丰八年，嘉约翰在广州南郊选定新址重建，取名"博济医院"，它是中国境内第一家西医医院，也是在华历史最长的一所教会医院。同治五年（1866），嘉约翰在博济医院附设南华医学校，招收男生学习西医。孙中山先生就曾就读于南华医学校；中国第一位赴欧美学习西医的黄宽也曾在该校任教。自光绪五年（1879）开始，南华医校招收女生。民国三年（1914）又附设护士学校。

博济医院及其附设医校为培养中国早期西医人才作出了贡献。

清代脱胎碗，俗称"卵幕"，胎体轻盈，薄似蛋壳。其制法是胎体成型后。待器内挂釉干涸，即将未挂釉的那面胎体刮得几乎只剩一层釉，再在此刮削面上施釉。烧成后，似乎抽去了胎骨，只剩两层烧结一体的釉面，莹澈通透，故叫"脱胎"。

近代物理学传入中国

19世纪中叶，随着鸦片战争的爆发，西方物理学和军事侵略一起，大规模地进入中国。一些知识分子在西方"坚船利炮"背后看到了西方自然科学特别是物理学方面的成就，于是极力倡导科学救国，主动汲取西方先进的物理学知识。

清代后期介绍西方物理学知识最为关键的人物当属李善兰，他与人合作翻译了一系列西方物理学著作，如《谈天》、《重学》等。咸丰九年（1859）刊行的《谈天》是李善兰与英国人伟烈亚力合作翻译英国天文学家侯失勒的《天文学纲要》而成的，首次将牛顿万有引力定律引入中国，系统地介绍了哥白尼日心说产生以来欧洲在天文学方面所取得的成就。李善兰还与英国人艾约瑟合译了英国物理学家胡威立的《初等力学教程》，定名为《重学》，这是第一部译成中文的力学著作。《重学》前7卷为静力学，第8卷至第17卷为动力学，第18卷至第20卷为流体力学。李善兰所译的是中间部分，首次将牛顿的物理运动三大定律引入中国。

十九世纪光学在中国也得到了广泛的传播，张福禧笔录艾约瑟口述的《光论》，就较全面地介绍了当时西方的光学知识。中国的知识分子还在接受吸收西方知识的基础上，加以探索，融会贯通，写成了自己的专著。如道光十五年（1835）郑复光写成的《镜镜玲痴》，详细地讨论了几何光学的基本原理和多种光学仪器特别是凸凹透镜的成像理论及制作方法，是近代中国物理学史上的一部重要著作。另

中国古代以观察天象为基础的岁星（即木星）纪年从春秋时期起流行，图为木星。

一位科学家邹伯奇也曾论述过各种透镜的成像原理及眼镜、望远镜和显微镜的制作方法。

近代物理学在中国的传播，虽然只限于在知识分子之中，但在社会上还是产生了一定的影响，在当时动荡的社会局面中，推动了人们去认识世界。

李秀成、陈玉成威镇江南

咸丰十年（1860）一月，为彻底摧毁清军江南大营，干王洪仁玕与忠王李秀成决定以"围魏救赵"之计，奇袭杭州，调动江南大营清军，然后乘机攻破江南大营。二月，李秀成率精兵一举攻克杭州，清廷急调江南大营总兵张玉良率部援浙。李秀成则在三月从杭州回师天京。闰三月，英王陈玉成、中军主将杨辅清、左军主将李世贤、右军主将刘言芳等各路大军齐集天京，五路并进，向江南大营猛攻。陈玉成率部首先突破清军长濠，攻陷清军营垒50余座，江南大营主帅和春狼狈逃跑，营内存银十余万，大量的军火枪炮尽为太平军所获。

天京外围战斗胜利结束后，忠王李秀成率太平大军挺进苏、杭地区。咸丰十年四月一日，太平军攻克常州，和春绝望自杀。四月十三日攻占苏州。六月，

英王陈玉成挥师南下进入浙江，连克临安、余杭等地，直逼杭州。后因安庆告急，回师安徽。咸丰十一年十一月底，李秀成会合李世贤部攻克杭州。太平军分别以苏州和杭州为中心，建立苏福省和浙江省。

太平军在攻取江苏、浙江的同时，对上海也发动了两次大规模进攻。咸丰十年六月，李秀成率部于青浦大败洋枪队，华尔身受五伤，狼狈逃回上海。太平军乘胜逼近上海西、南两门。敌人凭借优势炮火顽固坚守，又因嘉兴告急，七月李秀成遂撤兵。

咸丰十一年底，李秀成又大举进攻上海，与洋枪队及李鸿章的淮军展开了殊死较量。同治元年（1863）四月，太平军与敌大战于奉贤南桥镇，击毙法军首领卜罗德。李秀成从苏州赶往上海前线。太仓一战，击毙清知府李庆琛，并乘胜攻克嘉定。五月二日，大败华尔的"常胜军"，克复青浦，俘获"常胜军"副领队法尔思德。五月二十一日，太平军逼近上海县城。后因李鸿章率淮军进攻，太平军作战失利，李秀成功败垂成，退至苏州，二次进攻上海遂告失败。

太平军与英军在天京（江苏南京）附近江面上水战图。

曾国藩任两江总督

湘军是曾国藩在镇压太平天国过程中一手创办的，全部湘军都只受曾国藩一人调度和指挥。正因此，清政府对曾国藩本人总是不放心。咸丰十年（1860），湘军第二大头目胡林翼当了湖北巡抚，而曾国藩还是以侍郎的空衔领兵。因为没有地方实权，各省长官在兵饷和后勤供应上常与湘军为难。

咸丰七年（1857），曾国藩因父丧回籍时，向皇帝上奏大发牢骚，说他几年来用的是"侍郎"的关防，没有兵权、财权和"文武黜陟之权"，得不到地方官吏的支持；部下立功，虽经保举也得不到实缺，往往造成贻误大局的结果。他想借此要挟朝廷，索取实权。但是咸丰帝未答应他的要求。

咸丰十年（1860）闰三月，太平军二破江南大营，再解天京之围。事实说明清军支柱绿营兵不堪一击。同时，英法联军北上的危机又迫在眼前，战局恶化，湘军将领不服调遣，清朝当局不得不再次起用曾国藩为署理两江总督。

同年六月，清廷实授曾国藩为两江总督，并命为钦差大臣督办江南军务，统辖苏、皖、赣、浙四省军务，巡抚、提镇以下悉归节制。从此，曾国藩集军、政、财权于一身，成为清军镇压太平天国的最高统帅。

英法联军攻入北京·火烧圆明园

咸丰十年（1860）七月，英法联军一万多名在北塘登陆，僧格林沁所部蒙古骑兵进行英勇反击。在敌人猛烈炮火的轰击下，塘沽、大沽炮台相继失陷。天津因无据可守也很快陷落。

清政府急派大学士桂良等人与敌议和。因侵略者所提条件过高，谈判破裂。咸丰皇帝欲御驾亲征，为群臣所阻。八月，英法联军逼近通州，在八里桥一带展开激战。清军英勇阻击，鏖战三四小时。英军从后包抄，僧格林沁部被击散，将军胜保左颊、左腿中弹落马。最后清军溃败，英法联军进至北京城下。

英法侵略军到了北京城外，首先绕道到西北郊的圆明园，抢夺园内的金银财宝，并劫走所有能搬得动的珍贵文物。英使额尔金下令焚毁圆明园。八月二十二日至二十五日，英法联军火烧圆明三园。这个经过清朝100多年经营、凝聚了中国人民血汗、综合中西建筑艺术、聚集古今艺术品而成的壮丽宫殿和皇家园林，顿成废墟。

法国大文学家雨果在1861年写给朋友的信中愤怒地斥责英法侵略者的罪恶行径：在我们眼中，中国人是野蛮人，可是你看文明人对野蛮人干了些什么！

早在英法联军还未入北京前，咸丰皇帝就逃往热河的行宫避暑山庄。当侵略者在北京城外大肆抢劫时，有些官员要求在北京城外与敌决战，此时的咸丰帝，悲愤加恐惧，命自己的异母弟恭亲王奕訢与敌议和。咸丰十年九月，奕訢代表清廷与英、法侵略者签订了丧权辱国的《北京条约》。

被英法联军破坏后的圆明园欧洲巴洛克式建筑——远瀛观。

英法联军焚烧后的圆明园欧洲巴洛克式宫殿残迹——谐奇趣。

中华文明

民族大危机时期

圆明园大水法遗址

圆明园海晏堂残迹

圆明园三园之一长春园中的欧式迷宫黄花阵（万花阵）。

洋枪队成立

咸丰十年（1860），第二次鸦片战争结束，中外反动势力互相勾结，共同镇压太平天国。四月，美国人华尔在上海组建洋枪队。

在李秀成带领的太平军逼近上海时，华尔自称能组织一支洋人的军队，由他招募、训练和指挥，由中国方面供给军费，军官高薪；并预先讲定每攻下一城，要给一笔巨额赏金。华尔的计划得到苏松太道吴煦和粮道杨坊的支持。于是华尔很快募到200多名想在中国发横财的外国水手、流氓、逃兵，组成了他的洋枪队。六月中旬，华尔的洋枪队与李秀成的太平军在青浦大战，结果，洋枪队死伤三分之一，华尔本人身受5处创伤，离开上海到法国医治。咸丰十一年，华尔重回中国，再组洋枪队，改募中国人，使用新式武器装备，用西法练兵，战斗力大大提高，成为太平军的一支劲敌。洋枪队因屡立战功，同治元年(1862)被清政府改名为"常胜军"。

参照华尔"常胜军"的经验，同治元年（1862），浙江巡抚左宗棠与法国舰队司令勒伯勒东商定，在宁波组建"常捷军"。"常捷军"招募中国士兵，用新式武器装备，由法国军官训练，编制最高达3000人，直接参与镇压浙江太平军，成为太平军在浙东的一支劲敌。

同治三年（1864），"常胜军"和"常捷军"先后解散。

各级各类教会学校在华广泛分布

马礼逊时代的教会学校只是一种传教工具，这种简单的办学宗旨和方法，在社会上既未引起普遍关注，也没有产生重要影响。

第一次鸦片战争失败之后，清政府被迫取消了100年来对天主教的禁令，并承担起保护教堂的义务，从此为西方各国的传教活动开了绿灯，教会学校也在广州、福州、厦门、宁波、上海五处开放口岸迅速创办起来。

　　从道光二十年至咸丰十年（1840～1860），即两次鸦片战争之间的20年里，教会学校在一系列不平等条约制度的庇护下，获得较快的发展。小学教育性质的学校有圣若瑟学校、六童学校、土山湾孤儿院、董家渡学校等，学生人数约1500多人。中等教育性质的学校则有徐汇公学、圣方济学校、启明女学等。此外还有少量的高等学校如A.P.M高等学校。这期间，出现了中国本土第一所教会女子学校。

　　这一阶段的教会学校，在"开放门户"和"化除国籍界限"的目的下，打起了谋求"教育普及"的旗帜，不仅免除学费，而且发放津贴，因而就学者多为贫苦儿童。这类学校，带有明显的配合西方列强政治、军事入侵，借宗教与文化手段软化中国士民的动机。

　　第二次鸦片战争失败之后，清政府被迫签署更多不平等条约，不仅增开10口通商口岸，并允许传教士到内地自由传教，这就使教会学校扩大到了沿海主要港口城市，同时逐步地深入到内地城乡各地。

　　19世纪60年代起，教会学校的数量和规模均有迅速发展。仅以江苏和安徽两省的耶稣会学校为例：光绪四年（1878）至光绪五年有男校345所，女校213所，学生总数近万；至19世纪90年代末，学生人数更达1.6万之多。再以基督教教会学校为例，据统计，基督教教会学校光绪二年（1876）全国在校生约为4909人，在光绪十五年（1889）增至16836人，13年中增加人数近3倍。这一时期确实是教会学校发展的全盛时期。

　　这一阶段的教会学校，不仅学校类型扩大，而且女学最突出，其中，广州的真光女学、北平贝满女学、上海中西女塾最为著称。在同治、光绪二朝中，普通中小学之外，又陆续出现了实业学校、工艺学校以及师范、法律、医学、护理、盲童、聋哑等专门学校。

　　由于此时中国国家主权日益遭到削弱，半殖民程度加深，以及中国士民对外国政治、军事、宗教文化介入的敌视，促使教会学校改变策略，调整办学宗旨，提高办学水平，并以较优厚的物质待遇，来吸引中国人入学。不仅如此，教会学校还注意采用中国原有的学校模式或名称，以期迎合中国士儒的心理。

　　同时，西方各国也意识到，教会学校的重要性，并不取决于规模与数量，而取决于其毕业生毕业后在社会上的地位。因此，教会学校不断改善教学内容与课程，使之更切合中国实际，并且适合学生今后在国内谋生及升迁的切实需求。

1901年，《辛丑条约》签订后，教会学校获得了更多的发展便利，但在经历了各种反洋教风波及义和团的沉重打击后，教会学校进行了较大幅度的调整，重点转向发展高等教育，以期培养出一批具有基督精神和人格、具有较高知识和能力的亲西方华人，来参与国政，控制中国各个领域的领导权力，进而达到以华制华的目的。这时期学校的规模、设备、教学质量比前有了长足的发展。

此时出现了为数不少的综合大学，如东吴大学、南京的金陵大学、金陵女子大学、武昌的文华大学、上海的震旦大学、沪江大学、福州的协和大学、济南的齐鲁大学、北京的燕京大学。这些综合大学又分立出一系列的专科学校。此外还有若干的医科学院，如著名的北京协和医学院、上海哈佛医学校等。

这些教会大学因为经费充足，教学设备齐整，师资雄厚，因而教学水平较高，并形成了各自办学的专长和特色。如金陵大学的农林科，华西协和大学的医科、牙科，燕京大学的家政科、教育科，东吴大学的法科（后改扩成为著名的东吴法律学院），均在国内堪称一流。

总观大局，教会学校的扩展，是随着该国在中国侵略势力的发展而发展的。它们的区域分布，与西方列强瓜分中国的势力范围大体对应。教会学校在华扩展的进程，既有配合西方列强政治、军事及宗教文化入侵的因素，又有它们自身日益完备化、系统化及教学内容日益深化和中国化的因素。

教会学校在华发展，与中国近代教育的萌生和发展大体上保持了同步的对应关系，它们介绍和引进了西方先进的自然科学、社会科学，客观上有助于中国近代教育的发展和科学技术知识的启蒙及传播。

姜别利制定汉字印刷版式

清咸丰十年（1860），美国人姜别利正式制定汉字印刷版式，为中国近代汉字活字版印刷之始。

姜别利是1858年奉派来华主持美华书馆工作的。美华书馆是美国基督教长老会设在中国的出版、印刷机构，前身为澳门的花华圣经书房，1845年迁址宁波后改名美华书馆。1859年又迁址上海，先后设厂于四川北路，设发行所于北京路。书馆主要出版宣传教义的书籍，也出版一些英语、数学、物理、化学等方面的书籍。姜别利在实践中积累经验，摸索创新，为近代汉字活字版印刷作出了开拓性贡献。

姜别利采用黄杨木刻坯（后改用铅坯）刻字，然后又对之进行不需要电源的化学电镀，镀成紫铜字模心，将之镶嵌于黄铜模壳上，经锉磨后即成字模。他又制成汉字大小字模7种，按大小定名为显字、明字、中字、行字、解字、注字和珍字，以后又改称为1到7号字。

1860年姜别利按照《康熙字典》214部首查字法排列活字，选出5150个汉字作为一副字的字数。又按汉字的使用频率分为繁用、常用、备用3类，分别装放于大小不同的字盘内，计繁、常用字盘24盘（现称"廿四盘"），备用字64盘；他又设计制成了"八字式"排字架，用于放置三类88盘汉字。1869年，姜别利把他的电镀制模技术和7种汉文活字字样传授给日本人，成为中国和日本两国通用的号数制活字。

姜别利为中国近代汉字活字版印刷作出了杰出的贡献，奠定了近代汉字活字印刷的基础，对后世影响巨大。后来国内印刷、出版机构印刷汉文基本沿用姜氏首创的汉字印刷版式。

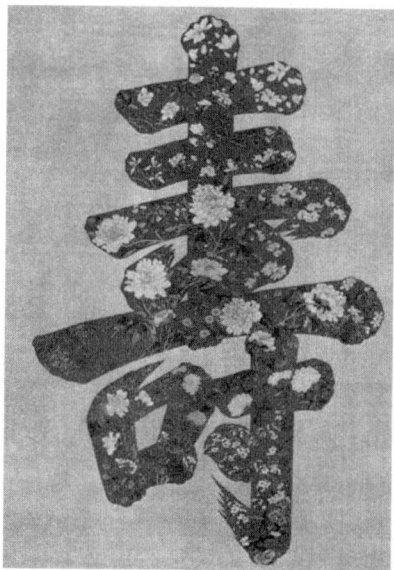

清代缂丝大"寿"字轴

西学东渐成潮流

　　清代后期，整个社会发生了空前未有的大动荡，古老的中华面临几千年未遇的大变革，西学东渐成为历史的必然趋势，一个尚未解体的封建社会艰难地迈向现代化。

　　中国是一个历史悠久的文明古国，自古以来形成了一套独具特色的科学与技术传统。科学从未与哲学分离，在"天人合一"的有机自然观支配下，人们凭着朴素的直观、天才的思辨与经验的积累，探求人与自然界如何达到和谐一致的完美境界，旨在为现实的社会政治经济服务。这种着眼于治理社会、注重实用价值的科学与技术观念，对促进中国封建社会政治、经济、文化的发展起过积极作用，对整个人类文明的发展也做出了重大贡献。可是到了16、17世纪以后，中西科学文明在发展上开始发生逆转变化。欧洲经过文艺复兴和宗教改革运动，提前结束封建制度，在资本主义产生的同时，出现了脱离神学与哲学束缚的、与古代科学迥然有别的近代科学。

　　明清交嬗之际的中国，统治阶级急需修订历法、制造火炮，以应付局面。可发展缓慢的传统科技不能满足这一需求，虽有中西交流，但为期不长。就在中国自我封闭期间，外部世界发生了巨大变化，西方资本主义国家的科学技术日新月异。科技是生产力，西方资本主义列强凭这一优势迅速发展。而扩张和侵略又是资本主义的本性，晚清时期，他们凭着用先进科技装备起来的坚船利炮向中国发动了侵略战争。

　　面对西方文明的挑战，中国人的第一个回应是"师夷之长技以制夷"，这也是为抵御外侮、制服侵略者的第一个价值选择。这个口号最先由魏源、林则徐提出，而由清政府中的洋务派官员付诸实行。"师夷长技"一反传统地提出以夷为师，向西方学习，的确是开近代风气之先。两次鸦片战争的失败，也使清政府中的有识之士痛切感到，只有打破传统思想的束缚，提倡洋务，主动引进西方的科学技术，步西方工业化的后尘，才是上策。这样，西方科技知识大量传入。

民族大危机时期

　　清代后期，列强的大炮破坏了中国皇帝的权威，加之一系列不平等条约的签定，却使西学传入的渠道日渐通畅。大批传教士可以自由来往于中国的沿海和内地，自由地与中国人士交往，建立教堂，兴办学校，设立书馆，成立学会，出版书刊，传播宗教和西方各种科学知识。另一方面，鸦片战争的失败，使中国的知识分子不仅看到西方的"船坚炮利"，也痛感朝廷的腐败和中国科学技术的落后，激起了科学救国的热望。许多具有专门知识的学者如李善兰、王韬、张福僖、徐寿、华蘅芳等都主动与西方学者交往，进行学术交流。

　　值得注意的是，19世纪60年代兴起的洋务运动是西学传入中国的一条最重要的途径。其特点是中国官方运用国家权力和资金，主动引进西方的技术设备，首先是造船造炮的整套设备。这批军事工业对我国近代科技的发展、各类人员的训练培养都起了一定作用，科学技术书籍的编译出版工作受到重视，从此产生了我国的新式造船业、机器制造业和化学工业。

　　西学的强大冲击和中国主动引进西方科技的结果改变了传统科学的布局和结构，除了传统医学仍保持原有的自我循环体系外，其他各门学科无一不融入西学而起了变化。然而，各门科学发展很不平衡，其轻重缓急与整个社会政治与经济文化状况息息相关，也与各学科所积累的知识与人才成正比。所以，清代后期，尽管有西学的输入和近代工业的出现，但由于整个社会物质基础薄弱，封建制度腐朽，帝国主义侵略，根深蒂固的儒家思想影响，都严重地阻碍着中国科学的迅速发展。

　　因此，清后期科学和技术的发展虽然为中国科技的近代化准备了知识和人才，有其历史功绩，但它毕竟属于中国科学技术近代化的初始阶段，同时也显示出中国科技近代化进程的曲折和艰难。

近代科学家徐寿、李善兰、华蘅芳在江南制造总局翻译处。

清朝

1861 ~ 1870A.D.

1861A.D. 清咸丰十一年 太平天国十一年

清文宗死于热河,子载淳嗣,为穆宗毅皇帝。嗣以肃顺等所谋失败,杀贬数人,慈安、慈禧两太后垂帘听政,次年改元为同治。

1862A.D. 清穆宗毅皇帝载淳同治元年 太平天国十二年

陈玉成被磔死。是岁,设同文馆于北京。

1863A.D. 清同治二年 太平天国十三年

石达开拟抢过大渡河未成,陷于绝境,为清军所俘,五月被杀。

1864A.D. 清同治三年 太平天国十四年

曾国荃部占天保城,天京合围。天王洪秀全去世。曾国荃自月初即督队环攻天京,至十六日,城破,大屠杀。

1867A.D. 清同治六年

命左宗棠为钦差大臣督办陕甘军务。

1870A.D. 清同治九年

天津教案起。

1861A.D.

俄罗斯 3 月 3 日颁布废除农奴制命令。

7 月 21 日,美国南北战争爆发。

1863A.D.

林肯正式颁布解放黑奴令。

1864A.D.

9 月 26 日,马克思组织 "国际工人协会"（第一国际）于伦敦。

托尔斯泰开始写《战争与和平》。巴斯德发明灭菌法。

1865A.D.

4 月 9 日美国内战终。4 月 14 日,总统林肯遇刺。

1866A.D.

6 月 15 日,普鲁士向奥地利宣战。

1867A.D.

正月,皇子睦仁践祚,是为明治天皇。幕府于是告终。

马克思《资本论》第一卷出版。

1869A.D.

日本许刊行新闻纸。下国是会议之诏。改官制,设六省。

7 月 19 日,法国向普鲁士宣战。9 月 1 日,色当一役彻底击溃法军,俘获法帝拿破仑三世。

总理衙门成立

1861 年 1 月 20 日，总理各国事务衙门正式成立。

总理衙门虽以外交和商务为其基本职责，事实上海防、军务、关税等事务也全部由其负责。后来扩展到只要涉及"洋"字，一切事务都推到总理衙门中来，铁路、开矿、兵工厂、兴办学校等事务也都由总理衙门经管。

由于总理衙门负责对外交涉，所以关于外情新知，较之其他满清贵族，均先有所接触。同治初年衙门请设同文馆以培养外语人才，乃开清廷引进西方新知之开始。其后，又次第派遣学员游学、设新式学堂、搜集西书、改良考试制度等等，对传统体制的冲击非常之大。

总理衙门初成立时，由清廷任命恭亲王奕䜣、大学士桂良、户部左侍郎文祥管理。总理衙门的职官，主要分大臣和章京二级，属于特殊官制。总领大臣由皇族担任，第一任总领大臣为恭亲王奕䜣，前后长达 28 年；1884 年 4月以后由庆亲王奕劻接任，前后共 12 年。总理衙门体制分成 5 股，英国股、法国股、俄国股、美国股、海防股。每股分管与某几个外国有关的事务及若干洋务。另外有司务厅、清档房。总理衙门

清政府的"总理各国事务衙门"

内充满了守旧分子，官场积习重，办事效率低下。

总理衙门是中国近代第一个正式办理对外事务的行政机构，标志着清朝封建专制政治体制的完整性已被打破。光绪二十七年(1901)，总理衙门改为外务部，班列六部之首。

曾国荃攻陷安庆·进攻天京

咸丰十一年(1861)八月，湘军曾国荃部攻陷安庆城。

安庆为天京上游之太平天国重镇，自从九江陷落后，就成为湘军的主要进攻目标。咸丰十年（1860）二月，曾国藩决定分三路进攻安庆，其弟道员曾国荃负责进兵集贤关。

咸丰十一年（1861）四月，陈玉成在安庆与曾国荃展开水陆军大战，难以取胜，就留刘玱琳率精兵守赤冈岭，亲去天京求援。五月，曾军攻陷赤冈岭，刘玱琳被杀。七月，陈玉成率援军赶回再救安庆，苦战半个多月，劳而无功。至八月初，曾国荃率湘军乘城内太平军粮绝，用地雷轰倒北门城垣，越壕入城，太平军将士 2 万余人全部壮烈战死，安庆陷落。清军大杀 3 日，全城男女老幼无一幸免。不久，陈玉成退守庐州。因攻城有功，曾国荃以按察使记名，加布政使衔。

安庆失守后，曾国藩实行"欲拔本根，先剪枝叶"的战略，在半年多时间里，太平天国失去了天京、安庆、庐州间的财赋重地。天京、庐州间的主要联系据点无为州，军粮集中地运漕镇，还有军事重镇东关，尽在清军手中。

同治元年（1862），湘军大举进犯天京。1862 年 3 月，清军陷西梁山；不久，曾国荃又陷巢县、含山、和州、庐州、芜湖、秣陵关、大胜关等地。最后，已任江苏布政使的曾国荃率陆军两万进驻雨花台，兵部侍郎彭玉麟率水军进泊护城河口，终于形成了对天京的包围。

慈禧发动辛酉政变

咸丰十一年(1861)九月三十日，叶赫那拉氏发动政变，掌握了朝廷大权。

咸丰十年（1860），英法联军进逼北京，咸丰帝逃到承德，不久患病，于咸丰十一年(1861)七月病逝于承德避暑山庄，终年30岁。

咸丰帝曾口授遗诏，立其年方6岁的儿子载淳为皇太子，继承皇位；同时任命怡亲王载垣、郑亲王端华、协办大学士户部尚书肃顺、额附景寿，以及军机大臣穆荫、匡源、杜翰、焦佑瀛等8人为"赞襄政务王大臣"，要他们辅弼幼主，掌管朝政。这样，咸丰帝死后，载淳即位，以"祺祥"为年号。

载淳的生母叶赫那拉氏，是咸丰帝的妃子，有强烈的权力欲望，她一心想取得最高统治权，垂帘听政。一些朝臣也想借机捞取政治资本。御史董元醇等上疏朝廷，以皇帝年幼为理由，请求由皇太后暂时权理朝政，被八大臣严辞拒斥，引起了朝中"垂帘之争"。表面上，八大臣暂时赢得了胜利，但那拉氏并不甘心，她暗中勾结恭亲王奕䜣等人，加紧作政变准备。

咸丰十一年（1861）八月，奕䜣在与外国侵略者取得默契后，以奔丧为名，

慈禧乘舆照

赶至承德避暑山庄，与那拉氏等密商后返京进行政变布置。

九月二十三日，咸丰帝灵柩自承德起运回京。那拉氏故意让肃顺负责护送，自己与皇后钮祜禄氏及小皇帝由其他七大臣等扈从先行回京。三十日，那拉氏发动政变；十月初一，封奕䜣为议政王；初五改祺祥年号为同治；初六命将载垣、端华赐自尽，肃顺斩首示众，景寿等5人或革职或遣戍。十一月初一日，那拉氏与钮祜禄氏在养心殿正

式垂帘听政。由于钮祜禄氏性情"和易少思虑",不愿多问朝政,朝廷大权遂落入那拉氏一人之手。

从此直到光绪三十四年(1908)她去世,慈禧掌握清朝最高权力达40多年。

李秀成攻克杭州东征西战

咸丰十一年(1861)十一月,李秀成命主将谭绍光、郜永宽、邓光明、陈炳文、童容海等收复杭州。浙江巡抚王有龄自缢身亡。两天后,杭州内城被攻克。

十二月,李秀成乘浙江大胜的势头,从杭州兵分五路进军上海,并谆谕上海、松江军民去逆归顺;劝上海洋商各宜自爱,则两不相扰,倘若敢于助逆为恶,与太平军为敌,是自取灭亡。

同治元年初,李秀成部属慕王谭绍光、纳王郜永宽率军包围吴淞,占领高桥。一月二十六日,英水师提督何伯、卜罗德率英、法侵略军,华尔率洋枪队,凭借优势武器,进攻高桥太平军,太平军作战不利。

三月,英军上将士迪佛立率援军从天津到上海;接着,李鸿章率淮军也从安庆乘英轮抵达上海。从此,太平军屡遭惨败,处于消极防御被动挨打的地位。李秀成立即从苏州赶到前线组织反攻。太平军太仓一战,击毙清知府李庆琛,全歼敌军5000人,后又击败英法军,进逼上海,围困松江、克复青浦。五月二十一日,太平军进至法华镇、徐家汇、九里桥,但由于第二天在与李鸿章淮军大战时失利,李秀成被迫率太平军退守苏州。

太平天国忠王李秀成1863年发给参加太平军的英国人呤唎去上海、宁波采办兵船的路凭。

同治元年（1862）十二月，因为天京解围战失利，李秀成受到洪秀全严责，被革爵处分，奉命"进兵北行"。李秀成命令章王林绍璋等人从天京下关渡江西征。

次年初，李秀成亲自率军渡江西征，从含山、和州、巢县出发，准备攻打安徽、湖北，以解天京之围，但不久就遭到失败。年中，清军攻陷雨花台，天京危急，李秀成奉诏回京。从此，长江北岸全部被清军占据。

洋务运动展开

19世纪60年代至90年代，清政府内部洋务派官僚以"自强"和"求富"为标榜，在军事、政治、经济、文教及外交等方面开展了一系列的洋务运动，它是中华文明与西方文明碰撞后的第一次大规模的反应。

辱国的《北京条约》签订后，国门再次被打开，恭亲王奕䜣、大学士桂良、户部左侍郎文祥联名上奏，提出设立总理衙门，以适应列强对华外交的需要。咸丰十年（1860）十二月，清政府任命奕䜣、桂良、文祥为总理衙门大臣。奕䜣和文祥都是洋务运动的代表人物。之后，清政府还设立了南、北洋通商大臣，管理南北各通商口岸的商务和处理各种对外事务。南洋大臣一般由两江总督兼领，北洋大臣一般由直隶总督兼领。而两江总督长期由湘系曾国藩、曾国荃、左宗棠、刘坤一交替占据，直隶总督则长期由淮系李鸿章独占。这些湘、淮系官僚都有仿效西方、练兵自强的要求，而且身居要职，成为洋务派的中坚。

为培养与外国联系的翻译人员，1862年在北京设立同文馆。此后，又陆续派遣出国临时使节和常驻使节，这为与西方的沟通打下基础。洋务运动初期，以"自强"活动为中心，在镇压太平天国、捻军的同时，开始在天津、上海、广州、福州、武昌等地聘用外国教官、购买枪炮、训练洋枪队。同时，洋务派官僚在各地创办兵工厂，制造枪炮和船舰。如1861年曾国藩在安庆设立内军械所，标志着中国近代史上洋务运动的开始；1862年李鸿章在松江设立弹药厂，又在苏州设立洋炮局；左宗棠也在杭州试制枪炮和轮船。1865年，李鸿章将上海洋炮局大加扩充，成立江南制造总局，制造枪炮和轮船。同年，李鸿章又将苏州的洋炮局迁移南京，扩充为金陵制造局。1866年，左宗棠在福州创设福州船政局，专造轮船。1867年，崇厚在天津设立机器局，1870年由李鸿章接办。70年代后，西安、兰州、昆明、福州、广州、济南、成都、长沙、吉林、北京等地都先后设立了中小型军火工厂。兵工厂的设立，对改造清军的军事装备，促进中国军事科技的发展，起了一定的作用。为适应洋务日益扩大的需要，1872年清政府派遣第一期留美生，出国学习，开始了中国的留学教育。1875年，清政府又委派李鸿章、沈葆桢筹建北洋、南洋海军。洋务派在建立大批军事工业以后，既感资金的短缺，又感材料、燃料和运输的困难，因此他们在"自强"的同时，又提出"求富"的憧憬。从70年代到80年代，他们兴办了一批民用的工矿业和运输业。其中主要有：1872年李鸿章在上海创办的轮船招商局；1876年沈葆桢在台湾开办基隆煤矿；878年李鸿章在上海筹设机器织布局；1881年开平矿务局筑成唐山至胥各庄这条中国第一条铁路，同年李鸿章开办热河平泉州铜矿等等。之后，洋务派还继续开办了一些工矿企业，并出现了以张之洞为代表的洋务派势力。张之洞任湖广总督后，在湖北建立了湖北枪炮厂、湖北炼铁厂、湖北织布局等新式企业，盛宣怀等人也积极参与了这一时

曾国藩像

张之洞像

029

期的洋务运动。这样，洋务运动就在全国范围内展开了。

　　洋务运动在中国的军事、经济、科技、文化和教育等方面取得一定的发展成果，使中华文明开始具体地进入到一场学习西方的运动，改变了中华文明几千年来封闭自省的格局，并使之面向世界，汇入世界文明的大潮中。但毕竟它只涉及社会的皮毛，没触动社会的根本。随着中国在中日战争中的失败，洋务运动亦因国情等各方面与西方差距太大而告失败。

现代火器制造开始

　　西方国家由农业文明走向工业文明是从纺织工业开始的；中国的近代化则由军事工业开始。

　　第一次鸦片战争失败以后，以林则徐、魏源为代表的爱国人士，竭力主张"师夷长技以制夷"，试图参照外国军器，在手工业基础上，改进和创制新式武器，但未能引起清政府的重视和支持。第二次鸦片战争再次失败，终于使清政府开始认识到，要改变落后挨打的严酷现实的出路在于，采用西方先进技术，兴办军事工业。从此，中国的现代火器制造业开始发展。

　　明代时，由西方传入一种技术上比较先进的火炮——佛郎机，成为当时最锐利的武器；清代初年，制成西洋大炮，清军依仗它，野战攻坚，所向披靡。但清朝统一全国以后，天下太平，不再讲求火器制造技术的改进，中国的造炮技术不但没有提高，反而更加倒退。许多新造大炮，刚一发射炮管就炸裂了，火药也非常粗糙，不能适应战争的需要。

　　咸丰十一年（1861），曾国藩创办安庆内军械所，仿制洋枪洋炮。当时还没有机器，主要靠手工制造。同治元年（1862），李鸿章创办上海炮局，制造开花炮、自来火等武器，用来对付太平军。第二年，

图为金陵机器制造局所制炮弹

李鸿章购买了英舰阿思本返航时弃置的一些机器，将炮局迁到苏州，聘用洋匠制造长短炸炮和大小炸弹。同年，曾国藩派容闳赴美购买新式机器，与李鸿章联手创办了全国规模最大、设备最齐全的江南制造局，聘请洋人为顾问，建成30余座大小机器楼，用蒸汽机做动力。同治五年（1866），左宗棠建立了全国最大的造船工厂福州船政局。第二年崇厚创办天津机器局，之后各省督抚也纷纷建立机器制造局。中国第一批近代军事工业初具规模。

中国的枪炮制造技术主要是来自欧美等资本主义国家，应该说是比较先进的。比如江南制造局制造炮的工艺是：先铸实心，再用机器车刮镟挖，使得炮外面光滑如镜，里面也光滑如涂抹了油脂，另配上炮车、炸弹、药引等物。造枪也用机器碾卷枪筒，车刮外光，钻挖内膛，镟造斜棱，工艺已经非常先进。

19世纪70年代，江南制造局已经能够生产欧美先进的后膛枪炮。

淮军兴起

咸丰八年（1858）李鸿章（1823~1901）进入湘军统帅曾国藩幕府，协助处理军务。咸丰十一年冬，他受命组建淮军，收编了安徽庐州、庐江一带的地主团练武装，同治元年（1862）开始集中训练。曾国藩还从湘军中拨给一部，使刚组建的淮军总兵力达到13个营，士兵9000多人。淮军被正式组建起来，在建制、装备上和湘军基本一样。

是年4月，组建不久的淮军作了中国军事史上第一次依靠近代交通工具的长途机动，搭乘7艘英商轮船从安庆来到上海，进攻苏州和常州，配合湘军主力完成对太平天国天京的远势包围。淮军抵达上海后，与美籍逃亡军官华尔所统领的洋枪队"常胜军"协同作战。

李鸿章像

淮军士兵

民族大危机时期

在与洋枪队的协同作战中，李鸿章看到常胜军中以洋枪洋炮装备的华人，经西式训练后所具备较强的战斗力，他懂得了中国军队的武器远远落后于洋人，深以为耻，告诫将士虚心忍辱，学习西方的秘密手段，以便以后加以改造后战胜他们。他决心以洋枪洋炮和西式训练来改造这支年轻的军队，并通过上海洋行采购洋枪洋炮。这一年的北新泾之战中，1000 杆洋枪投入战斗并发挥了强有力的功效。他更加积极地购洋枪来装备部队。1 年后就拥有一万五六千支了。同治三年在遣裁常胜军时，不仅获得了大量枪炮和经过西式训练的官兵，还得到了部分洋教习和外籍军官。仅火炮就有 64 门，炮兵 1000 名，同治七年剿灭捻军时，8 万名淮军几乎人手一支枪了。从同治二年起，李鸿章开始组建淮军的炮兵营。其亲兵护卫营张遇春部被首先装备从国外进口的开花炮，这支部队是中国的近代炮兵制度的开端。第二年，共装备了 6 个开花炮营，火炮也在不断更新，甚至拥有了能发射 108 磅炮弹的重炮。炮弹也开始以国产为主，并于同治二年在上海、苏州等地开设了生产开花炮弹的工厂炸炮三局。

在用近代武器装备淮军的同时，在训练上也作了适当转变，以便使士兵掌握技术复杂、性能先进的枪炮。各部队纷纷聘请洋教官训练士兵，训练内容包括射击、队列、战术。并采用统一的汉语口令，颁发了全军操章，这样，淮军基本上摆脱了湘军的所有模式，成为一支在装备、制度和训练等方面基本近代化的新式军队，在以后很长一段时期内，淮军都代表着清军的最高水平。

练军建立

19 世纪 60 年代初，清政府开始组建练军，使野战军和地方治安部队初步分立，成为中国近代军制史上的一项重要举措。

太平天国起义被镇压以后，为了牵制在这次镇压起义军中发展起来的庞大的勇营部队湘军和淮军，振兴八旗、绿营部队，以便强化清廷的统治力量，适应近代反侵略战争的需要，担负近代国防任务，强化军队成了当务之急。

咸丰十一年（1861），署步军统领文祥挑选八旗各营精锐在京师创建神机营，开始了创建八旗练军的最初尝试。1863年，设立直隶练军，使一部分比较强壮的绿营士兵分离出来，另外建制，并提高粮饷待遇，实行合军驻扎和操练。改造后的直隶练军与湘军勇营几乎相同。此后，各省都相继组建各自的练军，但规模不一，这时全国练军总数约11万多人。

练军在装备和训练上都采用了新旧混杂的方式，部分装备洋枪、洋炮，部分使用传统的冷、热兵器如抬枪、鸟枪、马枪和刀矛。直隶练军在1870年后开始装备近代枪炮，并建立了炮营，成为当时全国陆军中装备较精良的部队之一，其他练军也经历了一个从旧式兵器向洋枪洋炮的转变过程，却未能彻底近代化。通过改造和装备的练军，在作战能力上大为提高，开始向独立的野战部队转变，担负起重大的对外防御军事行动。在军事制度上出现了"化散为整"的思想，开始了军队的专业分工，是近代军事制度的一次重大转变。

外国军队干涉中国，华尔被击毙

同治元年（1862）正月初十日，慈禧太后那拉氏以同治帝的名义发布上谕，正式宣布了清廷"借师助剿"的决策。

由于清廷中许多实力派大臣奕䜣、曾国藩、薛焕等极力主张，加之太平军相继攻克了宁波、杭州、上海，终于使清廷下决心与外国侵略者公开勾结，镇压太平天国革命。同治元年（1862）二月十六日，清政府将原由美国人华尔统带的"洋枪队"改名"常胜军"，以苏松太道吴煦为督带，记名道杨坊与华尔为管带。不久，"常胜军"扩充到4500多人，由外国军官教练，以洋枪洋炮装备，在上海附近及浙江宁波、余姚等地进攻太平军。

同治元年四月，华尔率"常胜军"攻陷了嘉定、青浦、奉贤等地，被升为副将。八月，奉调到浙江宁波，二十八日进犯慈溪，被太平军击伤，次日毙命。同治三年(1864)，"常胜军"被清廷解散。

THE CHINESE CIVILIZATION

陈玉成牺牲

同治元年 (1862) 四月，太平军英王陈玉成被捕，后于河南延津处死。

陈玉成，广西滕县人。幼随其叔父陈承熔入太平军。定都后，参加西征之役，作战勇敢，屡建战功，累迁至冬官正丞相。天京事变后，太平天国损失惨重，军心动荡。在此危难之际，陈玉成授任英王，与蒙得恩、李秀成同主军政，成为太平天国后起的杰出军事领导人。

咸丰十一年陈玉成西征湖北，被英领事劝阻未攻武昌，回师救安庆，接连失利。八月安庆陷落，陈玉成坐镇庐州 (今合肥)，派部将陈得才、赖文光等去河南、陕西招兵，力图恢复上游。同治元年四月因庐州被困，陈率部突围，北往寿州，为叛徒苗沛霖诱捕，送至颍州 (今阜阳) 胜保大营。在解往北京途中遇害。留有经敌删改的笔录供词 (即《英王陈玉成自述》)。

陈玉成致书赖文光部署协同作战。

中国现代工业兴起

　　鸦片战争后，中国进入半封建半殖民地社会。在外国资本主义的刺激下，传统自然经济分解，商品经济得到发展，并开始了资本的原始积累，中国现代工业因此而兴起。

　　19世纪60年代初开始的洋务运动，揭开了中国兴办现代工业的序幕。这是在镇压太平天国的过程中，以曾国藩、李鸿章等人为代表的一批官僚，抱着挽救日益衰弱的清王朝的目的而发起的引进西方科学技术、发展军事工业和民用工业的运动。

　　洋务运动创办的首批现代工业是军事工业，包括1861年曾国藩在安徽安庆创办的内军械所，1862年李鸿章在苏州设立的洋炮局，1865年李鸿章在上海设立的江南制造局（这是清政府所办的规模最大的军用工业），1866年左宗棠在福州开办的福州船政局等等。从1862年至1894年间，清朝政府在全国各地共开了19家军用工业，雇佣了1万多名工人。这些军用工业的企业由官方拨充经费，制造出来的产品如枪炮、弹药、轮船等，不直接以商品形式进入市场，而是由政府统一调拨供军队使用。经营目的也并非着眼利润。因此它除了采用机器生产和雇佣劳动外，资本主义成分很少，基本上是属于封建性的官办工业。

　　为了适应军用工业对燃料和原材料的需求及获取利润补充军用工业的不足，从19世纪70年代开始，洋务派开始陆续举办轮船、煤矿、冶铁、纺织等民用

1896年陆润庠在苏州创办的苏纶纱厂。

民族大危机时期

1898 年孙多森在上海创建的阜丰面粉公司。

周延弼在江苏吴县创办的苏经缫丝厂的车间（摄于 1897 年）。

工业，1872 年至 1894 年 22 年间，洋务派官僚共举办民用工业 27 家，雇佣 3 万多名工人，包括中国第一家资本主义性质的近代航运企业、1872 年在上海开办的轮船招商局，当时规模最大的近代煤矿开平矿务局和第一家近代棉纺织厂上海机器织布局等等。这些都属于资本主义性质的近代企业，大多为从事商品生产的工矿业和对外营业的交通运输业，采用雇佣劳动，以营利为目的。

在洋务派官僚兴办民用工业的前后，另有一些民间资本，独立创办了一批近代民族资本主义企业。如 1869 年起开始使用车床的中国第一家民族资本主义企业——上海法昌机器厂，1872 年陈启源在家乡南海创设的继昌隆缫丝厂，1894 年朱鸿度在上海投资建成裕源纱厂等等。截至 1894 年，民族资本创办的近代工业先后约有 100 余家，主要分布在缫丝、棉纺织、面粉、火柴、造纸、印刷、榨油等业。民族资本也有投资在采矿业和机器制造方面的，不过规模都很小，其中机器制造工业只能进行修理和配制零部件。所以，民族资本企业主要集中在轻工业而无冶金等重工业。一直到甲午战后至 20 世纪初，仍是如此，且无法摆脱资金薄弱、规模狭小、技术落后等种种弱点。

另外，也有由城乡手工业改组的工业，如金属冶炼业、棉纺织业和丝织业、湖南陶瓷业、浙江竹器业等等，都有一定的生产规模。

中国现代工业兴起的过程中，一直受到帝国主义和封建主义的压迫和控制，发展速度十分缓慢。

中国最早的现代学校同文馆设立

清同治元年（1862），同文馆在北京设立，隶属于总理各国事务衙门。同文馆亦称"京师同文馆"，是洋务派为了培养洋务运动所需之翻译人才，由恭亲王奕䜣专门奏请设立的。初时仅设英文、法文、俄文 3 馆，后陆续增设天文、算学及德文、日文等班。招生对象开始只限招收十三四岁以下的八旗子弟；后又招收 15 岁以上、25 岁以下的满、汉学员；亦有招收不限年岁的满、汉学员，但仅限于学习天文、算学。学生最多时维持在 120 人左右。学制最初定为 3 年。到 1876 年时分为两种：由外文而及天文、化学、测地者，8 年毕业；年岁较长，仅借译本而求诸学者，5 年毕业。课程最初仅设英文、俄文、法文、汉文，1867 年又设算学、化学、万国公法、医学生理、天文、物理、外国史地等。

1867 年同文馆增设天文算学馆时，洋务派和顽固派曾就该馆是否招收科甲正途人员学习天文算学进行过一场激烈的争论。洋务派认为西方资本主义国家的科学技术都是从天文、算学中来，建议同文馆招收翰林、进士、举人、贡生及正途出身的五品以下京外各官入馆学习。以倭仁、张盛藻为代表的顽固派坚决反对，认为"立国之道尚礼义不尚权谋，根本之图在人心不在技艺"，科甲正途人员都是读孔孟之书，学尧舜之道，无须学习这些奇技淫巧。并且危言耸听：如果科甲正途人员拜夷人为师，那是"尽驱中国之众咸归于夷"，后果不堪设想。以奕䜣、李鸿章为代表的洋务派对此进行了反驳，指出科甲正途人员学习天文历算的目的是为了"欲图自强"，倭仁之流"以道学鸣高"，所论只是陈词滥调而已，无济于实事，指责顽固派"无事则嗤外国之利器为奇技淫巧，以为不必学；有事则惊外国之利器为变怪神奇，以为不能学"。争论的结果双方各有得失，倭仁虽不得不撤销原议，但天文算学馆报名应试者却寥寥无几。这场争论并非全是意气之争或名利之争，实际上是一场要不要学习西方先进科学技术的争论。

　　同文馆之教习，除汉人外，多数为外国人。在经费、人事方面，多受总税务司英国人赫德的控制。美国传教士丁韪良于1865年到馆任教，1869年由赫德提名为总教习，总管校务近30年。

　　1873年起同文馆附设印刷所，备有中、西文活字4套，手摇印刷机7部。后又专设纂修官两名，负责编辑出版事务。采用适当奖励的方法鼓励译书。各种书籍均自译、自编、自印，涉及数学、物理、化学、历史、语言、法律等，多免费分送国内各官员。较著名的译作有美国人丁韪良翻译的《万国公法》和中国人杨树、张秀合译的《世界史纲》等。1902年该馆并入京师大学堂。

　　同文馆设立，进一步开通了近代中国人学习西方先进科学技术之风气，对促进和加强中西文化交流起了重要作用。

北京同文馆大门

英人赫德把持中国海关

　　同治二年（1863）十月，英人赫德（1835～1911）正式担任清政府海关总税务司。直至1911年去世，赫德连续把持中国海关长达48年。

　　赫德把持中国海关期间，不仅制订并推行一套由外国人管理的半殖民地海关制度，控制了中国的财政收入，建立了海关总税务司的绝对统治，而且把他的触角伸向中国的政治、经济、军事、外交乃至文化、教育等各个方面。他通过攫取海关行政权，进一步侵夺了中国的港口引水权；通过建立海关会审制度，扩大了总税务司的审判权；总税务司还控制了中国最初的邮政开办权；并企图通过海关两和金本位的联系进一步改组中国的币制。他利用

晚清海关总税务司——英国人赫德

海关关税作抵押担保，直接参与中国举借外债的活动；又利用总税务司与洋务派官僚的密切关系，积极参预洋务派官僚的军火购买、海军建置和其他工矿交通企业活动。1866年他提出臭名昭著的《局外旁观论》，要求清政府遵守不平等条约。1876年中英《烟台条约》、1885年《中法和约》草案、1887年中葡《里斯本会议草约》签订均有他的参与；甚至封疆大吏的任命，有时也须征求总税务司的意见。

慈禧诛胜保

同治二年（1863）七月，慈禧太后诛杀宠信胜保。

胜保，满州镶白旗人，因长于言事，官至礼部侍郎。太平军兴起时，他先后任帮办军务大臣、钦差大臣，很受咸丰帝宠信，被赐予"神翟刀"，副将以下贻误军情之人，可以先斩后奏。北京政变时，胜保又因为有翼戴之功，仍受宠信。

因位高权大，胜保开始矜功恃宠、盛气凌人。他日益骄恣，与僧格林沁、袁甲三将帅不相容，互相弹劾。后来他到陕西剿灭回民起义，更是假报捷音，广纳贿赂，妄保奸人，滥渔女色，招致定远人胡文忠赴京，尸谏其事。

胜保的所作所为，结怨很多，也招致同僚不满，受到西安副都统德与阿等人的弹劾。慈禧为众怒所迫，同时也为警告奕䜣，密令多隆阿领军入陕，将胜保押送京师治罪。同治二年七月胜保被诛，他的从属也一一论处。

茅台酒恢复生产

同治二年（1863）左右，茅台酒在停产数十年后恢复生产。

据史籍记载，早在公元前135年，当地就已酿出具有独特风味的"枸酱酒"。后经几次兵燹，至1704年，以茅台命名的"茅春"、"茅台烧春"、"回沙茅酒"等酒已具有独特风格，成为贵州酿酒行业中的珍品。1840年，茅台烧房（即酒坊）已有20余家。后又遇兵燹，几十家烧房全被烧毁，茅台酒的酿造中断。

1863年左右，在茅台村古烧房的废墟上创建了成裕烧房（后更名成义烧房），茅台酒的酿造又得以恢复；1870年左右创建了荣太和烧房（后更名荣和烧房）；1929年又创建了衡昌烧房（后更名恒兴烧房）。3家烧房在竞争中发展。

洪秀全去世

同治三年（1864）四月二十七日，太平天国天王洪秀全去世，终年50岁。

洪秀全原名火秀，又名仁坤，广东花县人。道光二十三年（1843），洪秀全从《劝世良言》一文中吸取基督教教义，创立拜上帝会。后来他发动金田起义，建立太平天国，自称天王。

定都天京后，洪秀全日渐沉溺于宗教，深居简出，奢侈享乐，疏于政事，并与掌握太平天国实际领导权的东王杨秀清矛盾日深。"天京事变"及石达开出走后，洪秀全选拔陈玉成、李秀成等作为主要军事骨干，后又任命洪仁玕为干王总理朝政，颇有振作气象，也取得了一系列军事胜利。

但第二次鸦片战争后，清廷加紧勾结外国侵略者，对太平天国进行联合镇压，安庆、苏州、杭州等地相继失守，天京被围。洪秀全迷信"天父"，拒不采纳"让城别走"的意见，困守孤城，终于在天京陷落前夕去世。

洪秀全画像

天京失陷太平天国败亡

同治三年（1864）六月十六日，湘军攻陷天京。

同治三年（1864）正月，李秀成率部进攻曾国荃大营失败，反被湘军攻陷天保城，进而逼向天京东北部太平门及神策门外，形成了对天京的合围，太平军粮源断绝。四月二十七日，洪秀全去世。五月初三日，洪秀全长子洪天贵福即位，为幼天王。月底，地保城也被湘军占领，并借居高临下之势日夜炮击天京，同时挖掘地道准备用炸药轰城。

这时候，城中虽有1万多太平军，但能作战的却不足4000人。面对5万多湘军的日夜猛攻，太平军将士拼死抵抗，先后击毙3名清总兵，杀死清兵无数。六月十六日，天京城墙被炸药轰塌20多丈，湘军蜂拥而入，天京失陷。但是太平军没有一人投降，"至聚众自焚而不悔"。李秀成、林绍璋等人拥幼天王突围出城。曾国荃指挥湘军对城中百姓进行了一场野蛮的大屠杀，"哀号之声达于四远"。

六月十七日，幼天王洪天贵福逃出天京，二十一日到达安徽广德，二十六日由堵王黄文金迎入湖州。因为打算前往江西与李世贤、汪海洋等人会合，十月又回到广德。八月黄文金病逝，余部进入江西。九月二十五日，幼天王在江西石城荒山之中被清军俘获，十月二十日在南昌被害。

太平天国起于广西，发展到江南；太平军西征胜利时，达到鼎盛。天京事变后，太平天国由盛转衰，陷入战略防守的被动局面。太平天国运动历时14年，南北驰骋10多个省，最后在中外反动派的联合绞杀下连连失利，终于败亡。

李秀成被害

同治三年（1864）七月初六日，曾国藩在南京杀害李秀成。

李秀成，原名以文，广西藤县新旺村人，自幼家贫，随父种山、帮工为食。

咸丰元年（1851）太平军进军永安，经过藤县，李秀成参军。

定都天京后，李秀成任右四军帅，驻守天京太平门外。咸丰六年（1856）升任地官副丞相，参加镇江解围之役、攻破江南大营之役。天京事变后，驻守安徽桐城，因招收捻军张乐行、龚得树有功，升任地官正丞相。

咸丰七年（1857），李秀成被封为合天侯，与正掌率陈玉成同掌兵权。他一度因奏请天王体恤百姓，明定赏罚，宽刑轻税，重用翼王，不使安、福二王把持朝政而触怒洪秀全，被削爵革职。咸丰八年八月，他会合陈玉成攻破江北大营，收复浦口，十月取得三河大捷，稳定了安徽的局势，第二年被封为忠王。

后太平军第二次西征，因为李秀成行动迟缓，致使西征无功。咸丰十年和同治元年，他两次进攻上海，也都没成功。同治二年，苏州被围，李秀成对部下郜永宽等暗中通敌不加过问，致使苏州落入清军手中。

回到天京后，李秀成劝洪秀全"让城别走"，遭拒绝，于是留城固守。同治三年六月，天京陷落，李秀成保幼天王突围，自骑劣马断后，受伤迷路，七月二十一日在天京东南的方山被俘。曾国藩亲审李秀成。李秀成在狱中写成"自述"，为曾国藩招降太平军献策，并劝曾反满独立。不久李秀成被害，年41岁。其"自述"被删改后呈送清廷，刊刻传布。

汇丰银行建立

同治三年（1864），由在华的太古、沙逊、旗昌、禅臣等10大洋行的英、美、德商人共同发起，建立了汇丰银行。

五口通商后，外国金融势力入侵中国，纷纷在通商口岸设立银行。其中英国汇丰银行的设立，对中国影响最为深远。

汇丰银行也称"香港上海银行"，于同治三年（1864）设总行于香港，次年开始营业，同时在上海设立分行，并陆续在日本的横滨、神户，中国的汉口、厦门、福州、天津、北京、广州、青岛、哈尔滨、大连、沈阳、汕头以及东南亚各地设置分支机构。随着经营规模的扩大，其资产及行政管理权越来越集中到英国商人手中，又与其他在华英商相结合，逐渐成为英国在华经济权

英国汇丰银行上海分行旧址

益的代表，以"汇丰银行伦敦最高委员会"为其最高决策机构。

汇丰银行在中国的经营范围主要有以下几个方面：一、经营汇兑。对外国在华洋行给予汇兑、进出口押汇等财务上的便利和支持，操纵着中国的外汇市价。二、吸收中国人的存款和发行纸币。三、以贷款控制中国的财政经济命脉。通过贷款，汇丰银行还取得了中国关税、盐税的收存权。随着营业范围、规模的扩大，其资本额急剧增加。初设立时，额定资本为500万港元，实收资本250万港元；到民国二十五年（1936），仅在华资本就达1.5亿美元，占全行资产总值的44%。

汇丰银行作为外国在华势力最雄厚的银行集团，是英帝国主义对华进行经济侵略的机构。

徐寿制成中国第一艘木质蒸汽机船

同治四年（1865年3月），中国第一艘木质蒸汽机轮船由徐寿等人制成。

徐寿（1818~1884）字雪村，江苏无锡人。精研西方自然科学及工程技术。1861年，徐寿与华衡芳等在安庆内军械所研制火轮船，8月制出蒸汽机模型。

1864 年，安庆内军械所迁往南京，徐寿等随往继续进行研制。次年，终于制成中国第一艘木质蒸汽机船"黄鹄"号。该船长 55 尺，重 25 吨，航速每小时 6 海里。主机是单缸蒸汽机，汽缸长 2 尺，直径 1 尺。

1868 年，徐寿入上海江南制造总局翻译馆，先后译出《西艺知新》、《汽机发轫》、《营阵提要》、《化学鉴原》等 13 种西方科技书籍。

《字林西报》定名

同治三年（1864），英国商人奚安门为扩大业务，将原来创办的《航运与商业日报》改名为《字林西报》，并独立发行。

《字林西报》又称《字林报》，它是英国人在中国出版的历史最悠久的英文报纸，前后历时 80 余年。该报由字林洋行出版，长期得到英国租界当局的支持与赞助，由英新闻界知名人士担任主编。其发行对象主要以在华之外交官、传教士和商人为主，也有中国订户，行销海内外。其内容主要刊载商业性材料和广告，辟有"国内时事述评"、"北方消息"、"体育"、"专题报道"等栏目，经常就中外关系、中国政局和其他时事发表意见；报道中国时事和外国人在华活动及世界各地消息；登载上海英租界当局的各种法令、文告和公报等。该报成为英国在华利益的代言人和工部局的喉舌，对中国的新闻报纸业和西方文化的传播有较大的影响。

阿古柏叛乱

同治四年（1865）正月，中亚浩罕国封建主阿古柏率兵入侵南疆，发生叛乱。

清同治三年（1864）七月，新疆的回族人民以妥明为大元帅，在乌桓反清举事，一路先后攻占了库车、乌鲁木齐、哈密、玛纳斯、喀什噶尔旧城等地。与此同时，新疆某些少数民族首领企图利用当地人民的反清起义实行封建割据。

同治三年，喀什噶尔封建主金相印为了攻下汉城，向浩罕国寻求帮助。

浩罕王于是派帕夏（意为总司令）阿古柏随张格尔之子布素鲁和卓占据南疆。同治四年（1865）正月，阿古柏率兵入侵南疆，二月占领喀什，后又相继占领新疆南路的八座城池。

同治六年（1867），阿古柏成立"哲得沙尔王国"（七城国），受到沙俄和英国侵略者的支持。

围剿捻军

同治四年（1865），清廷先后派曾国藩、李鸿章围剿捻军。

同治二年，雉河集失守，张乐行遇害，张宗禹、任化邦等率领捻军余部在同治三年春于河南南部与太平军赖文光部会合，奉赖文光为领袖。赖文光将捻军按太平军军制进行整编，建成一支战斗力很强的新军。

同治四年（1865）正月初三，赖文光等大败清科尔沁亲王僧格林沁于河南鲁山，后又在山东曹州（今荷泽）高楼寨设伏，清军全军覆没，僧格林沁被击毙。清廷急调曾国藩为钦差大臣督师剿捻。为了摆脱困境，赖文光等捻军首领决定将主力分为东西两支。

九月十八日，曾国藩令直隶总督刘铭传等率部进攻东捻，浙江提督鲍超等率部进攻西捻。十月，清廷因曾国藩剿捻无功，改命李鸿章为钦差大臣节制湘、淮诸军，专办剿捻事宜。

同治五年（1867）十二月十八日，西捻军在陕西西安城东灞桥十里坡大败清军。同年十二月，东捻军在湖北安陆（今钟祥）罗家集全歼湘军四营；第二年正月，又大败淮军提督刘铭传部于尹隆河。

同治六年（1867）五月，东捻军从山东郓城突破清军围堵，进屯东平，又逼近烟台，被英、法侵略军击退。七月，东捻军突破胶莱清军防线，西走潍县。经过赣榆、寿光两次大战，东捻军主力损失殆尽。十二月，赖文光在扬州瓦窑铺被俘，英勇就义。东捻军最后失败。

同治七年（1868），西捻军被围于黄河、运河、徒骇河之间。六月二十八日茌平南镇一战，西捻军全军覆没。至此，坚持16年、纵横8省的捻军起义最后失败。

大型综合性军工企业江南制造总局开办

同治四年(1865年6月8日)，江南制造总局正式开办。

1865年，曾国藩和李鸿章收购美商佛而士在上海虹口开办的旗记铁厂（修造轮船），并将原设上海的两个洋炮局并入，成立江南制造（总）局，又称上海机器制造局。不久，容闳（1828～1912）从美国购买机器百余台全部投入该局。对该局

1869年江南制造总局建立的炮厂

前后投资合200万两白银，经费主要来源淮军军需项下筹拨和江海关之二成洋税。

1867年，局址由虹口迁到城南高昌庙，分设机器厂、汽炉厂、铸铜铁厂、熟铁厂、木工厂、轮船厂、船坞、煤栈等。至1893年，又先后增设黑火药厂、枪子厂、炮厂、炮弹厂、水雷厂、炼钢厂、栗色火药厂和无烟火药厂，生产枪、炮、水雷、弹药、钢铁、机器和修造轮船等。所生产的军火弹药和各种军用物资通过清政府调拨，供应各地清军军营、各地炮台、炮舰和军械所需用，只有很少部分计价收费。另设有一个工程处和广方言馆、工艺学堂、翻译馆等。该局共有各种机床662台，职工达3500余人。成为当时中国规模最大、最早使用机器生产的大型综合性军事工业企业，是中国按西方工业模式自办近代工业的开端。它制造出中国第一艘近代兵轮——恬吉号；冶炼出中国第一炉钢水；创办了中国第一所机械工业制造学校（工艺学堂）；最早从外国引进先进技术。

江南制造总局注意到各种国外先进生产技术，为加以引进，于1868年6

1890年江南制造总局建立的炼钢厂，次年在此炼出了中国的第一炉钢。

月设立翻译馆，介绍西方科技情况和成就，有译员60余人，共计译书178种。其中，李善兰所译的《代数学》是中国第一本符号代数学著作，李善兰所译的另一本著作《代微积拾级》是中国最早介绍微积分的著作，许多数学术语一直沿用至今。另外，它还出版季刊《西国近事汇编》108期。

甲午战争后，江南制造总局生产明显锐减。1905年4月，江南制造局实行局坞分家，所属造船厂改称江南船坞，归海军领导，但实行商务化独立经营，为修造中外兵商轮船服务，是为江南造船厂之前身；而制造军火部分则改称上海制造局，至1917年改称上海兵工厂，1932年淞沪抗战后停办，设备拆迁内地。1912年江南船坞改称江南造船所，归北洋政府海军部管辖。1916年造船所船坞拓长，可以生产万吨以上的船只，成为当时上海最大的船厂，主要为外国客户修造船只。至1926年共新造各种船舰505艘，其中外国船舰318艘，占63%，新造船舰总吨位为165133吨，其中外国船舰122950吨，占74.5%。

全面装备西式前装枪炮

鸦片战争时期，清军的武器还停留在冷热兵器并用的时代。其枪炮加工工艺落后，性能低劣，在战争中处于绝对劣势。19世纪60年代以后，开始从西方大量引进前装枪炮，在军事技术上实现了一次重大突破，基本上完成了从冷热兵器并用到火器时代的跨越。

在对太平天国起义军的作战中，与洋枪队并肩战斗的淮军首先认识到洋枪洋炮在技术上的先进及实战中的巨大威力，率先着手购置洋枪炮装备部队。到19世纪60年代，淮军已拥有近10万支西式前装洋枪，前装洋炮也达上百门。

各路练军、湘军及其他勇营部队也纷纷效仿，共计装备洋枪几十万支，洋炮几百门。这些武器大多数从英、法、美等国进口。后来，清政府先后在上海和苏州设立了3个洋炮局，1865年创建了江南机器制造局，金陵机器制造局，1867年创建天津机器局，开始仿制前装枪炮，以及大量的枪弹、炮弹。

这时的前装枪炮为前装滑膛枪炮和前装线膛枪炮两类。前装滑膛枪在技术上的最大特点就是将火绳点火改为击发式点火装置。前装滑膛炮被称为开花炮，有适用于野战的机动性能好的轻炮和适用于城市和要塞攻防的重炮。

在引进的一部分线膛枪炮中有法国的来复枪，米涅式步枪，英国的李恩飞枪和旧来复马枪以及美国的斯宾瑟枪等。1867年江南机器制造局仿制成功德式11mm口径的老毛瑟枪，其枪管内刻有几条等距离的螺旋膛线，枪身上有表尺，弹丸在飞行中的高速旋转增强了飞行的稳定性，便于瞄准，大大提高了命中率，这是清代中国人自己生产的第一种前装线膛枪。

70年代后，江南制造局开始仿制前装线膛炮。膛线改善了弹道性能，提高了初速、射程、侵切力和命中精度。

前装枪炮装备部队大大缩短了与当时西方军队在武器装备上的差距，使其向近代化迈进了很大一步。

湖北枪炮厂——洋务自强运动后期建造的最大兵工厂，后改称"汉阳兵工厂"。

福州船政局设立

同治五年（1866），闽浙总督左宗棠（1812～1885）在福州马尾创办福州船政局。这是清政府经营的规模最大的新式造船厂。船政局内设铸铁厂、铸模厂、拉铁厂、打铁厂、锅炉厂、轮机厂、合拢厂、钟表厂等，规模之大不仅在中国历史上前所未有，在当时在全世界也名列前茅。

船政局是官办企业，创办费47万两，每月经费起初是5万两，后来增加到7万两，机器和材料都从法国购买。左宗棠任命法国人日意格为正监督，法国洋枪队将领德克碑为副监督，工程师都是法国人。船政局中工匠约为二三千人，杂工有八九百人。后来，船政局附设船政学堂，也称"求是堂艺局"，是中国最早的造船和驾驶技术学校。

同治六年，福州船政局开始生产，同治八年，造成第一艘轮船"万年青"号，开中国自造轮船之先河。船长23丈8尺，宽2丈7尺2寸，吃水14尺2寸，排水量功率150匹马力，航速可达每小时10海里。"万年青"号无论从技术性能还是从排水量上都超过了当时向外国购买的任何轮船，显示出中国造船技术已迈上一个新台阶。从同治八年铁厂开工到同治十三年，船政局用法国破旧机器共造大小轮船15艘，均为木质。从光绪元年（1875）至光绪二十二年间，外国技术人员撤走，福州船政局依靠自己的力量独立进行轮船制造。以往造的是木质轮船，现在开始改用铁木作为船体材料，称为铁木合构船。光绪三年（1877），第一艘铁肋船"威远"号下水，船身坚固，轮机灵便，速度很快，每小时达12海里。80年代，船政局依靠留学归来的吴德章、杨廉臣、李寿田等人，

福州船政局制造的"建安舰"。

开始建造 2400 马力的巡洋快船。第一艘快船名为"开济"号，除了龙骨、锅炉从外国购进，其余都是自行设计制造。这显示出中国造船技术不断进步。光绪八年（1882）建成第一艘巡洋舰。至光绪三十三年（1907），船政局共造各种船只 40 艘。辛亥革命后，改称为"海军造船所"。

仿制装备后装枪炮

19 世纪 60 年代，清军开始从国外引进后装枪炮并装备部队。

1867 年，江南机器制造局开始仿制美式林明敦边针后装单发枪，口径 13 毫米，以黑色火药为发射药。1883 年，该厂又仿制成功美式黎意单发后膛枪，口径 11 毫米，最大射程达到 1000 米，次年又将林明敦枪的口径改为 10 毫米，并缩短了枪管长度，改边针为中针。同时，技术上继续更新，很快生产出连发枪。1890 年，该厂仿制成功五响快利枪，这是中国最早制造的连发步枪。

在连发枪制造出来以后，从 90 年代开始，技术上不断改进，无烟火药取代了黑色火药，在减少装药量的条件下，能使弹丸获得更大的初速，加上其烟垢较少，减轻了对枪膛的污染，使进一步缩小枪的口径成为可能。从此，向小口径发展成为清军仿制后装连发枪的趋势。1893 年后，汉阳兵工厂大量仿制德国 88 式毛瑟枪，其口径为 7.9 毫米，弹丸初速增加到每秒 600 米以上，有效射程 600 米，最大射程达 2000 米。这就是以后普遍所说的"汉阳造"。而当时在清军中装备最多的是奥地利曼利夏式步枪，口径 8 毫米，枪重 3.78 公斤，每分钟可发射 22 发子弹。

自 19 世纪 70 年代起，中国开始从西方引进后膛要塞枪、野炮、过山枪和舰船炮。英国的阿姆斯特朗式、德国的格鲁森式和克虏伯式等被清军大量采用，而对它们的仿制却推迟到 80 年代。1884 年，金陵机器局制造出带有炮车的架退式 2 磅后装炮。1887 年，江南制造局仿制出阿姆斯特朗式要塞炮，口径 200 毫米，弹重 180 磅，炮筒长 7 米，射程达 6756 米，被布置在吴淞口南石塘炮台内。此后，该厂又仿制成功 2 磅至 800 磅，口径 150 毫米至 470 毫米的各种后装炮。1894 年，汉阳兵工厂还制造成格鲁森式 37、53、57 三种口径的架退过山炮。

各种后装枪炮的仿制并装备部队，进一步改善了清军的武器性能。

中国兴办邮政事业

同治五年（1866），清政府委托海关总税务司英人赫德在全国范围内开办国家邮政，由各地海关办理。

在此之前，太平天国的洪仁玕最早提出兴办邮政，惜未实施；清地方政府又曾在台湾实行改驿归邮，但只是小范围实施。经过海关兼办邮递和试办邮政阶段，清政府于 1898 年 3 月正式批准成立大清邮政，海关总税务司赫德兼任总邮政司。1911 年邮政脱离海关，由邮传部接管。盛宣怀先后任邮传部尚书和邮传部大臣。1912 年中华民国建立后改称中华邮政。1914 年加入万国邮政联盟，主要经营函件、包裹、汇兑与储金。

1904 年全国有邮政局所 1319 处，至 1936 年增至 72690 处；邮政员工 1911 年有 15288 人，至 1936 年增至 28007 人；邮运工具从早期的肩挑、马驮等逐渐发展为利用汽车、火车、轮船，并开办了航空邮路；邮路总长度从 1904 年的 50500 公里发展到 1936 年的 584816 公里。

在清代和北洋政府统治时期，中国邮政控制在外国人的手里。1928 年后逐渐转由国民党政府控制。但由于邮政实行独立经营，绝少受军阀混战和政

清同治年间官方传递文书所用的官用封套。　　　清光绪年间民信局所用的实际封套。

局变动的影响，有较高的信誉；又由于它在经营上实行垂直领导、高度集中、全程全网、联合作业、人有专责、事有定章、纪律严明等，因而从1915年即开始盈利。

左宗棠创立中国最早的海军学校——马尾船政学堂

同治五年（1866）五月，左宗棠在福州船政局内创设马尾船政学堂，它是中国最早的海军学校。学堂分为前后两部分：前学堂又称法文学堂，学习法文和造船；后学堂又称英文学堂，学习英文、驾驶和管轮。学习期限均为5年。学习科目有数学、物理、化学、天文学、地质学、画法等。船政大臣沈葆桢又令学生课余诵读《圣谕广训》、《孝经》等。教师聘自英法；教学体制参照英法海军学校。招收16岁以下资质聪颖、粗通文字的男童就读，称为"艺童"。学额初定60名，后扩为140余名。"艺童"

左宗棠像

毕业或授水师官职；或充监工、船主；或留校任教；或派赴出洋。马尾船政学堂培养了中国第一批海军科技人员，对近代中国海军的建立和工业的发展起到一定的作用。从1876年到1896年的20年间，先后四次派遣"艺童"出洋留学，在英法等国学习驾驶和造船。1876年的第一批出国留学生为中国首次公派留欧学生，其中严复、萨镇冰均为清末民初知名人士。该校毕业生许寿山、叶琛、陈英、邓世昌均在中法战争和中日甲午战争中英勇作战，为国捐躯。

1867年，沈葆桢又在马尾船政学堂下设马尾绘事院，招收学生学习制作船图和机器图。学生称为"画图生"。课程有法文、算学、量绘、船机等。

次年又设"艺圃",招收年纪稍长的青年为"艺徒",边工作边学习。船政学堂学生出洋留学,亦有绘事院"画图生"林日章、"艺徒"裘国安等在内,这是中国最早的工人留学生。

1884年中法战争中,船政学堂遭到严重破坏,终至一蹶不振。

太古洋行建立

同治五年(1866),英国人斯维尔和巴特费尔德合作,在上海创立太古洋行,又设分行于广州、厦门、汉口、九江、宁波、天津、安东、大连等通航商埠。该公司开始经营棉织品进口、茶叶出口等。后来谋求向航运业发展,于同治六年,成立太古中国轮船公司,额定资本100万英镑。

太古轮船公司起初只开辟沪港航线,光绪元年(1875)首开长江航线,以后逐渐扩张中国沿海航线和中国通外国的航行。该公司势力雄厚,其船只及其吨位都居在华外国轮船公司的首位,它利用先进的技术,垄断了中国沿海、长江和珠江的航运,同时大肆排挤中国旧式航运业和轮船招商局,造成旧式航运业的衰落,很多轮船招商局的经营也困难重重。

大清银行兑换券

美军侵台受挫琅峤

同治六年（1867），美军在台湾琅峤（今恒春）登陆，企图侵占台湾，被当地高山族人击退。

美国军想染指台湾，从道光二十七年（1847）起，曾多次派船舰到台湾勘察煤矿、测量港口。

同治六年二月，美国船"罗佛号"船长等人，在台湾南部琅峤登陆，13个美国人全被当地高山族群众杀死，只有一名中国水手逃脱。三月，美国驻厦门领事李仙得，率军舰"阿树罗号"前往报复，企图占领琅峤，被击退。五月初，美国又派水师提督贝尔率两艘军舰进攻台湾。

五月十八日，美国海军陆战队180多人在琅峤登陆，进行偷袭。当地高山族人民利用地形熟悉等有利条件，巧妙地袭击敌人，打得侵略者狼狈逃窜，并打死美军领队军官。美国侵略军被驱逐到海边，被迫撤回。

美军侵台宣告失败，但美国政府占据台湾的企图没有打消，它不断对中国的满清政府施加压力。清政府怕事态扩大，接受了美国的无理要求，命令闽浙总督和台湾道查办"罗佛号"事件。

议建三洋海军

两次鸦片战争期间，中国漫长的海岸线仅凭旧式绿营、八旗水师这些旧式海军守卫。总兵力虽有一二十万，但驻地分散，装备落后，根本不具备与当时西方近代海军作战的能力。两次鸦片战争中的溃败，使得加强海防、建立近代海军成了当务之急。一些比较清醒的官绅提出了创建近代海军的设想，并试图仿造西式战舰。但清朝统治者对此反应冷淡。

直到20多年后的咸丰十一年（1861），经英国人的大肆鼓吹，清廷才决定向英国购买战舰，建立了一支由英国人当司令的海军舰队。由于这位洋司令不肯听命于清政府，清廷最后只好将这一支花费 663351 两白银购置的舰队遣散了。同治三年（1864），曾国藩创建的安庆内军械所制造成功了中国第一艘木质蒸汽动力小轮船。接着，江南机器制造局、福州船政局相继建成，舰艇制造业开始起来了。

同治六年（1867），江苏布政使丁日昌首先提出了建立三洋海军的具体计划。鉴于中国海岸线漫长，他提出将其划分为北洋、中洋、南洋三大海域，在每一海域设立一支舰队，分别控制以大沽、吴淞口、厦门为中心的广大海域。这一合理的建议后来被清政府所采纳，于1874年正式命令沈葆桢、李鸿章分别督办南、北洋海防。建立中国近代海军的进程加快了。丁日昌的三洋海军计划在战略上成为后来中国近代海军的指导方针，影响很大。

乌苏里江人民抗俄

同治七年（1868）四月，乌苏里江东南青岛（今阿斯科尔德岛）爆发了中国淘金工人反抗沙俄殖民者的武装起义。

四月初九日，沙俄派水兵登岛镇压，被早有准备的起义群众消灭过半。沙俄又从海参崴调来西伯利亚的舰队围攻青岛，起义者被迫转移。撤到大陆后，起义群众不断主动袭击沙俄侵略者，烧毁俄卡，消灭守卡俄兵，并联合苏城等地人民，扩大抗俄武装。由于得到当地各族人民的普遍支持和响应，队伍迅速扩大至 3000 人，迫使沙俄宣布滨海一带处于战争状态，调动了大批军队进行镇压。

一个月后，青岛人民抗俄起义失败。但整个乌苏里江以东地区中国各族人民的抗俄斗争并未停止，使沙俄在相当长的时间里未能对该地区实行有效的统治。

《万国公报》发行

《万国公报》创刊于同治七年（1868），原名《中国教会新报》，同治十三年（1874）改名为《万国公报》，是鸦片战争后外国人创办的中文报刊中最有名的一家。

光绪十三年（1887），英、美等国传教士和西方一些驻华外交家等在上海组织广学会。它是一个在华人中传播基督教义及一般知识的社团。光绪十五年（1889）《万国公报》成为广学会的机关报。

《万国公报》在内容上侧重宣扬基督教的教义，也介绍了不少西方的自然科学知识，先后编译出版了总计达三四亿页之多的中文图书和报刊。此外还倡导改良，通过评论中国时局，宣扬西方社会文明。读者对象为中国的权贵和知识分子。光绪皇帝就曾购阅过全套的《万国公报》。在维新变法运动兴起期间，它先后刊登过李提摩太的《醒华博议》、林乐知的《求新贵有达识说》等讨论中国变法的文章，对当时改良派知识分子产生了一些影响。

教案频频发生

19世纪60年代，各地频频发生教案。

咸丰十一年（1861）五月初五日，贵州团务道丁畏之率领团丁烧毁贵阳青岩镇晁家关教会学堂，逮捕教徒张如洋等4人，并绑赴法场处斩。"北京条约"订立后第一个教案发生。这次教案的发生，本因法国天主教贵州主教胡缚理在贵阳一带强行传教，且强占民产，威胁官吏，激起了当地绅民的公愤。但清政府在法国驻华公使柏尔德密的战争恫吓下，将有涉官员革职发配，并将提督衙门拨给胡缚理充作教堂，赔款12000两，了结了此案。

同治元年（1862）二月十七日，南昌教案发生。南昌群众捣毁天主教育婴堂，拆毁教堂，传教士罗安当乘夜逃出南昌。几乎与此同时，湖南衡阳等地也发生教案。但清政府正与法国勾结共同镇压太平天国，竟以赔款、重建教堂结案。

同治七年（1868）春，台湾府凤山县民众焚毁英、法教堂；七月，扬州文武生员数百人烧毁教堂，打伤教士；同治八年五月，贵州遵义府居民也因不满教会欺压，毁教堂，杀教士；同年九月，安庆教案发生。对这一段时间内发生的教案，清政府也都采取对外妥协、对内镇压政策，其中民愤最大的是西阳教案。

早在同治三年（1864）春，法国天主教川东主教范若瑟在四川彭水唆使教徒欺压居民，就曾激起民愤，发生捣毁教堂事件。第二年春天，酉阳富绅冯仕银等率众焚毁教民房屋，拆毁法国教士公馆，又将支持教民的法教士玛弼乐痛殴致死。四川总督骆秉章以杀主事者偿命、赔银8万两了结此案。

同治七年（1868）十一月，传教士李国在酉阳组织洋枪队，修筑寨堡，奴役人民，再次激起民变。民团首领何彩率众焚毁教堂，杀死李国。知州田秀粟抑民护教，教会趁机报复，杀死民众145人，伤700余人。事后，清政府以杀何彩、惩办乡绅张佩超、赔银3万两结案。

华蘅芳译书

华蘅芳（1833～1902），字若汀，江苏金匮（今无锡市）人。他20岁以前就通读了大量数学译著。20岁以后在上海结识李善兰，对李正在翻译的《代数学》《代微拾级数》非常感兴趣。华蘅芳28岁起从事洋务运动，与中国近代第一批工厂——安庆内军械所、江南制造局和天津机器局都有过密切关系。

清同治年间的外国传教士

同治七年（1868），江南制造局设立翻译馆，华蘅芳被聘入馆，担任数学及其他科学著作的翻译。他与傅兰雅共译的数学书有：

《代数术》25卷（1872），《微积溯源》8卷（1874），《三角数理》12卷（1877），《代数难题解法》16卷（1879），《决疑数学》10卷（1880），《算式解法》14卷（1899）等。其中，《决疑数学》因其初次将概率论引入中国而特别引人注意。该书共10卷160款。卷首"总引"以3000字篇幅叙述了概率论的简史，并再三强调概率论在研究社会问题中的作用及其他各种应用。前几卷是古典概率，引用了大量古典名题，十分生动，至今仍有参考价值。卷 6 为人寿概率问题。卷 7 为定案准确率问题。卷 8 为大数问题。卷 9 第 128款计算彗星轨道平面与黄道平面交角的概率，133 款提出用二重积分进行计算的概率曲线，并绘出曲线坐标图。卷 10 为最小二乘法。

华蘅芳译书继承了李善兰采用的数学名词，同时又有创新，如增加了实根、迭代法、排列等名词。

华蘅芳的不少译作内容较新，对当时的代数学、三角学、微积分学和概率论等各个数学分支作了系统的介绍。总的来看，华蘅芳所译各书的内容平易而广博，译文也明白晓畅，可读性较强，因而有的译作被当时的各种学堂选为课本。

左宗棠征西

同治七年（1868），因西北边疆动荡不安，清政府派左宗棠西征。

左宗棠到陕西后，全力镇压回民起义。他用回军降将董福祥等部"以回攻回"，不久就占领董志原。同治八年八月，提督刘松山率老湘军从陕北绥德进攻花马池（今宁夏盐池），到吴忠堡，又围金积堡。西北回民起义军首领之一马化龙乞降，左宗棠不许，主张"痛剿以服其心"。第二年，刘松山到马五寨受降时，突被回军中反对投降者开枪打死，清军大乱，回军乘势反攻。同治九年，刘松山之侄刘锦棠继统老湘军力攻，十一月十六日，占领金积堡。马化龙再次投降。左宗棠命令他召各地回军到金积堡就抚，阴谋"先抚后剿"。回军被骗到齐后，左宗棠大肆杀戮，不留一人，马化龙也被处死。同治十一年，左宗棠派徐占彪等军进攻肃州城（今甘肃酒泉）。清军猛攻肃州，用"先抚后剿"法攻占了陕甘回民起义军的最后一个中心肃州城。同治十二年，回军首领马文禄战败降清，随即被处死；白彦虎率部逃往新疆。至此，陕甘回民起义失败，左宗棠安定了陕甘地区。

当时，新疆成为浩罕、俄、英三国角逐的战场，随时有被瓜分的危险。光绪元年（1875）三月，清廷任命左宗棠为钦差大臣督办新疆军务。

光绪二年（1876）二月，左宗棠任命刘锦棠为前敌统领，率清军分三路入疆。三月，左宗棠移驻肃州。四月三日，刘锦棠率老湘军从肃州西进；六月一日抵达济木萨，连败白彦虎与浩罕国阿古柏的军队；六月二十八日，克复古牧地；二十九日，克复乌鲁木齐。到九月中旬，新疆北路全部收复。

光绪二年（1876），清军平定北疆的分裂割据势力后，刘锦棠于第二年又率军南下。三月七日，攻克南疆门户达坂城，不久又收复托克逊，阿古柏次子海古拉逃到库尔勒。张曜、徐占彪两军则先后攻克土克腾木、辟展城（今新疆鄯善），又攻拔鲁克沁城和哈拉和卓城。白彦虎早已弃守吐鲁番。三月十三日，张曜、徐占彪与刘锦棠军一同攻克吐鲁番，清军收复吐鲁番全境。阿古柏自杀。同年九月，刘锦棠收复喀喇沙尔城。白彦虎掘开都河水阻止西征军。西征军越过水淹区，抵达原阿古柏大本营库尔勒，击溃白彦虎，收复库车、拜城、阿克苏、乌什。这样，南疆东四城及附近各城镇，全部收复。十一月中旬，刘锦棠又连续收复了喀什噶尔、叶尔羌和英吉沙尔三城，白彦虎逃入俄国境内。阿古柏的儿子伯克胡里也逃到俄国。光绪四年（1878）提督董福祥收复和阗。至此，除伊犁外的新疆领土，全部由清军收复。

左宗棠西征，既安定陕甘，又使新疆免于沦为殖民地。清廷终于控制住了西北地区的局势。

丁宝桢处决安德海

同治八年（1869），丁宝桢在山东诛杀太监安德海。

慈禧垂帘听政后，宠信太监，将安德海当作心腹。安德海得宠后，投慈禧之所好，大肆挥霍，并极力和排挤奕䜣等权臣，引起督抚官僚的不满。

同治八年七月，安德海奉慈禧之命到南方采办宫中用物，沿途张扬跋扈、弄权纳贿。八月初四日，同治帝传旨山东巡抚丁宝桢拘捕安德海，并将其就地正法。不久，到处招摇滋事的安德海在泰安被丁宝桢诱捕归案。朝臣闻报，都说依祖制死无赦，请求将安德海就地处决。慈禧迫于群臣的压力，只得同意。

八月初七日，安德海在济南伏诛。同治帝又命将随从太监共6人一并绞杀。丁宝桢因此名著于世，两年后升任四川总督。

粤剧恢复演出

同治八年（1869），遭清政府长期禁演的粤剧又重新恢复演出。

粤剧是流行于广东、广西南部及香港、澳门等地的戏曲剧种之一。在明末清初，弋阳腔昆山腔由"外江班"传入广东，形成"本地班"，所唱声腔先是"广腔"，后以梆子、梆簧为唱腔而形成粤剧。

咸丰四年（1854），由于粤剧艺人李文茂率弟子参加天地会起义反清，清政府下令禁止粤剧演出。同治八年，粤剧恢复演出后，无论在剧目内容和表演艺术上都有较大变化。在剧目内容和表演艺术上，增加了地方故事和反映现实生活的新戏；唱词通俗易懂；音乐上开始在"梆簧"唱腔中穿插民歌小调；唱法上全部改用广州方言演唱，在反映生活、使表演更富于生活气息方面都颇有改进。脚色行当已精简为文武生、小生、正印花旦、二帮花旦、丑生、武生六柱制。表演艺术上除保持早期粗犷、质朴的特点外，又增加了各种表演动作的绝招，使粤剧表演达到一个较高的层次。

粤剧恢复演出，促进了粤剧的进一步发展，使粤剧成为南方重要的戏曲剧种。

清代的社火脸谱

传统自然经济分解

19世纪中叶鸦片战争后，英国等西方列强用坚船利炮轰开了中国的国门。大量的外国商品源源不断地输入中国，动摇了长期的封建社会的经济结构基石，给那种以小农业和家庭手工业相结合、即以耕织结合为主要特征的自然经济带来巨大的冲击，传统自然经济从此开始分解。

传统自然经济分解有三种相应的表现：农村手工棉纺织业的解体；城乡商品经济的发展和资本原始积累；中国资本主义开始发展。其中，农村手工棉纺织业的解体，是中国封建自然经济分解的主要标志。

19世纪60年代后，随着进口棉纺织品的急剧增长，农村手工棉纺织业开始明显解体。这种分解是由于进口棉纺织品的急增造成的，大致分为两个阶段：洋纱代替土纱，促使手纺业与手织业分离开来；土布被洋布代替，又使手织业和农业分离。洋纱代替土纱的过程远比后者要快，主要是因为进口棉纱都经机器制成，生产效率与质量远胜本国手工纺织业，生产成本又大大低于手工生产，因而价格比土纱便宜52.6%，故土纱根本无力与之抗衡。许多人放弃手工纺纱生产环节，转而采用洋纱织成土布。这就导致了纺、织分离，是小农业和家庭手工业相结合的自然经济分解的最初表现。洋布排挤和代替土布的关键，仍然是基于机器生产的低廉价格。但由于机制棉布的劳动生产率与土布比较，不如机制棉纱和土纱那样悬殊，故洋布代替土布的过程不如前者迅速。

城乡商品经济的发展，特别是农产品的商品化，是自然经济分解的另一个相应表现。受外国资本主义经济入侵的刺激，茶叶、生丝、土布、陶瓷等产品出口需求量激增。以茶叶为例，仅同治六年 (1867)，中国供给了欧美国家茶叶消费总量1.9亿磅的约90%，从而使植茶面积在原有基础上迅速扩大，各地新辟茶园增多。类似的现象，在棉花、烟草、蚕桑等其他几种经济作物和豆类、花生等农产品方面也有反映。经济作物种植业的发展，增加了对商品粮的需求，因而促进了粮食商品化的发展。但由于受社会环境的制约，中国农产品商品化的进程同样带有半殖民地性质，各种农产品的种植和农户的生计，均受到外国资本主义需求的左右。

随着自然经济的分解，越来越多的人与市场发生了联系，许多原本自给自足的人，成了商品消费者；中国农业和城乡手工业被破坏，使得众多的农民和手工业者破产失业，变成了劳动力的出卖者，使劳动力市场不断扩大；外国科学技术的传入和外国在华企业的丰厚利润，也使一部分掌握有大量货币财富的地主、官僚和商人将资金投入近代企业，也有一些买办逐渐摆脱外国资本主义的约束，投资兴办近代民族企业，开始了资本的原始积累。

李提摩太来华传教

同治九年（1870）正月，李提摩太受浸礼会派遣来华。

光绪十六年（1890）在出席于上海举行的基督教在华传教士全国会议上，他首先提出将传教工作进行战略转移的观点，即将传教的重点对象，转移到清政府的上层官僚和士大夫中间，并加强出版活动。此后他曾出任天津《时报》的主笔、上海同文馆（即广学会）总干事。在宗教传播过程中，李提摩太对中国政治发生了浓厚的兴趣。甲午战争后，向清政府提交了题为"新政策"的意见书，建议聘用洋人领导推行新政。维新运动的失败，也葬送了他的计划。庚子之役后，李

李提摩太像

提摩太又转向兴办文化教育，希望以此来推进传教事业的发展。光绪二十八年（1902），他促使山西巡抚岑春煊用赔款开办山西大学堂，并容许外国人直接在官立学校讲学。

天津教案发生

《北京条约》签订后，法国天主教传教士在天津望海楼设立教堂，吸收恶棍入教，拐骗幼童，强占民地，激起了民愤。

同治九年（1870）五月间，教会育婴堂虐死婴孩三四十人。同时，天津一带不断发生拐骗幼儿事件，也多与教堂有关。于是民情激愤，乡绅在孔庙集会，书院停课，反洋教的揭帖布满街巷。

五月二十三日，天津官员带拐骗犯到天主教堂查验，教堂门前的群众愈聚愈多。法国领事丰大业要求三口通商大臣崇厚派兵弹压，崇厚只派去几名官弁。丰大业大怒，持枪到崇厚衙门质问，秘书西蒙随行，同时手抓官弁的发辫，逼使一同前往，民情更加激愤。丰大业到了崇厚的衙门，出言不逊，还举枪向崇厚射击，被崇厚的随从推开。丰大业和西蒙回去的途中正好遇到天津知县刘杰，丰大业开枪打伤刘杰随从高升，西蒙又向群众开枪。怒不可遏的群众当场打死丰大业和西蒙二人，将尸体投入河中，接着又焚毁法、英、美教堂和领士馆，打死洋教士、洋商、

天津望海楼

外国职官 20 名。

事件发生后，英、法、美等 7 国军舰集结天津、烟台一带示威。清廷急命直隶总督曾国藩查办，李鸿章会同办理。曾、李二人主张对内镇压，对外妥协，将天津知府、知县革职充军，杀爱国民众 20 人，并偿银 49 万两，重建教堂，并派崇厚为专使去法国道歉。

清代著名的四大私人藏书楼崛起

清中叶以来，战乱不断，民生艰难，私家藏书逐渐流散，而多为宏富或累官之家所收藏，四大藏书楼随之崛起。

铁琴铜剑楼。江苏常熟人瞿绍基（1772～1836），字厚培，历时 10 年，积藏书 10 余万卷，而多宋元善本。继又得同邑陈氏稽瑞楼、张氏爱日精庐散出诸书，藏书更富。瞿绍基之子瞿镛继承先志，搜求益勤，并定藏书室名为铁琴铜剑楼。编成《铁琴铜剑楼藏书目录》。光绪二十四年（1898），瞿镛之子瞿秉渊、瞿秉濬延请叶昌炽等学者，再编目录 24 卷，收书 1300 余种。瞿秉濬之子瞿启甲选辑《铁琴铜剑楼宋金元本书影》。

海源阁。山东聊城人杨以增（1787～1855），字益之，官至江南河道总督，生平嗜学而笃好藏书，以收购著名藏书家汪士钟艺芸书舍所散出之书为基础，建海源阁。其子杨绍和又广为搜集，购得弘晓明善堂和黄丕烈士礼居藏书所散出之珍本。杨绍和编辑藏书志《楹书隅录》，收 2600 余种，多为珍本。其孙杨保彝辑《海源阁宋

图为河北承德避暑山庄的藏书楼文津阁，建于乾隆三十九年（1774）。

元本书目》，收书 460 余种。

八千卷楼。浙江钱塘（今杭州市）人丁国典以其远祖宋代丁颙藏书八千卷，将其藏书楼命名为八千卷楼。咸丰十一年（1861）该楼毁于兵燹。光绪十四年（1888），丁国典之孙丁丙（1832～1899）重建八千卷楼。包括嘉惠堂八千卷楼、后八千卷楼、小八千卷楼和善本书室。嘉惠堂八千卷楼收藏《四库全书》所收及附入存目之书；后八千卷楼收藏《四库全书》未收之书；小八千卷楼收藏宋元刻本、明刊精本、旧钞本、校本、稿本等善本书籍。八千卷楼藏本丰富，版本类型多样，所藏宋元刻本极富特色。丁丙又曾刻书 200 余种，辑书 20 余种，著书 10 余种。丁丙、丁申兄弟还收集散失的文澜阁《四库全书》加以钞补，恢复原貌。藏书目录有丁丙撰的《善本书室藏书志》和丁仁（立中）辑编的《八千卷楼书目》。

皕宋楼。浙江归安（今属吴兴市）人陆心源（1834～1894），字刚甫，号存斋，以所藏宋刻本 200 种，命名其藏书楼为皕宋楼，言其收藏宋本之富。陆心源官至福建盐运使，而家资豪富，又嗜好藏书。在战事纷起，私人藏书纷纷散出之时，他大量购书，江南数百年藏书精华尽为其所有。其中，以上海郁松年宜稼堂的最多，而以汪士钟艺芸书舍所收藏之乾嘉时苏州黄丕烈士礼居、周锡瓒水月亭、袁廷梼五观楼、顾之逵小读书堆等四大家之旧藏为最珍贵。所藏图书有 15 万卷之多，辟皕宋楼和十万卷楼两藏书室。皕宋楼藏宋元旧椠本，十万卷楼收明刻善本、名人手抄手校本及清代学者著作。

洋务教育鼎盛

进入 19 世纪 70 年代，洋务派进一步在中央及地方掌握了实权，占据了总理各国事务衙门及相当一批重要的督抚职位，因而得以大力推进洋务学堂的建设。从 70 年代至 90 年代初，是洋务教育的鼎盛时期。

19 世纪 70 年代以后，一批近代化的军事工业及工矿、铁路、电报、船政企业陆续建成，清廷耗费巨资创建了南洋水师和北洋水师，亟需大批的工业技术人材，而水师官兵尤其需要进行近代化的海军技术操作、维修及作战知识的训练，大批的军事学校及专业技术学堂正是为了满足这种客观需求才陆续建成的，这是促使洋务教育兴盛的原因。

洋务派中的首脑人物李鸿章重视科技之余，也极重视科技人才的培养，他坦言承认"洋学实有逾于华学者"，对西方的教育制度表示敬佩，而痛斥中国八股取士制度之外，希望士大夫中关心时世者能留心西学，"有一二杰出，足以强国而赡军"。洋务教育的鼎盛与洋务运动主持者的重视与扶持不无关系。

洋务教育的发展，首先表现为对早期创办的洋务学堂的扩展和完善。以同文馆为例，本来目标是由"精熟西文"而进一步探讨西人所擅长的一切科技，但在早期师资单薄，学科单一，管理混乱，被办成一个初级外语学堂。进入70年代之后，正式订立了8年课程表，教师的设置趋于完善，开设了化学、天文、数学、地理、外国历史及军事等课程，配备了印刷所、实验室和博物馆，变成一所综合性的近代中级学院。

创建新校，扩大学校的种类，是洋务教育鼎盛的另一个标志。此时新式学堂已多达30余所，既有兼习西学的外语学堂，也有专攻电报、医学、铁路、矿务、工程的专业技术学堂，还有军械技术学堂，以及专门培养军事人才的水师武备学堂。新学堂中，军事教育以及与军事关系密切的专业技术教育，被置于绝对重要的地位，这也显示了洋务派在国家的军事、外交屡遭欺凌的情况下，立志自主自强的决心。

洋务教育鼎盛时期，不仅留学教育事业蓬勃展开，同时，图书、报刊翻译、出版事业也随之兴旺发达。中国教育迈

富贵白头图轴（居廉）

出了走向近代化的第一步，培养出了中国最早的一批近代化人才。

在这段思想文化启蒙时期里，越来越多的明智之士已经厌弃"严夷夏之大防"的说教，他们主张树立各国平等相处的新观念，并以此为基础积极向

西方学习。

　　但是，在整个国家教育体系中，洋务学堂所占比重很小，绝大部分青少年仍然在毫无用处的八股文中虚度自己最宝贵的年华；而洋务学堂的教育内容也过于偏门和单一。

众多琴派涌现

　　清代后期由于交流频繁、范围扩大，涌现了众多的琴派。主要有如下流派：

　　一是浦城派，代表人物为福建浦城人祝桐君（？～1864）。他博采众家传谱，1855年著有《与古斋琴谱》，对古琴艺术和表演理论作了深入探讨。后继者张鹤，同治三年(1864)编有《琴学入门》，并多次再版，广为流传。书中收20首琴曲，并附工尺谱，其中《阳关三叠》《渔樵问答》等曲流行至今。

　　二是泛川派，代表人物为四川青城山道士张孔山。其弟子众多，他所传"七十二滚拂"《流水》气势磅礴，为近百年琴家所推崇。1876年，他与其他琴家合编成《天闻阁琴谱》，为近代收曲最多的琴谱集，影响颇大。

　　三是九嶷山派，代表人物是湖南人杨宗稷(1865～1933)，因其号九嶷山人而得名。他师承金陵黄勉之(1853～1919)，讲求吟猱节奏。1911～1931年陆续撰成43卷、70万言的《琴学丛书》，书中收有许多琴学文献。他对传统琴谱作了多方探索，现存《碣石调·幽艺》的文字谱，便是由他最先译成减字谱的。他还曾在北京设九嶷山琴社，传授琴艺。

　　四是诸城派，代表人物是王溥长和王雩门。二者琴风虽不尽相同，但都具有山东地方特色，如所传《长门怨》等曲。

　　五是岭南派，代表人物是广东冈州的黄景星，1836年辑有《悟雪山房琴谱》，共50余曲。

清朝

1872A.D. 清同治十一年

第一次派 30 名学童赴美留学。

日本宣布吞并琉球。《申报》刊行。

1873A.D. 清同治十二年

正月，慈安、慈禧两太后撤帘，穆宗始亲政。

1874A.D. 清同治十三年

因俄人不交还伊犁且觊觎附近地方，命左宗棠等迅速派兵出关。十二月，穆宗死，慈禧太后立醇亲王子载湉为德宗景皇帝，仍由慈安、慈禧两太后垂帘听政。

1875A.D. 清德宗景皇帝载湉光绪元年

英翻译员马嘉理被杀于云南界内，交涉起。

1876A.D. 清光绪二年

刘锦棠等败白彦虎与阿古柏兵，收复乌鲁木齐等地。

1877A.D. 清光绪三年

新疆南路肃清。

1878A.D. 清光绪四年

越南王请兵援助，冯子材三度奉命入越。左宗棠设机器织呢局于兰州。

1879A.D. 清光绪五年

五月，命崇厚为出使俄国钦差大臣。以崇厚擅自回京，命议开缺听候部议，并将其所订条约发交廷议。

1880A.D. 清光绪六年

正月，命曾纪泽使俄交涉伊犁事。李鸿章创海军。

1871A.D.

马克思著《法兰西内战》。

1月28日，巴黎当权之资产阶级向普军乞降。3月18日巴黎无产阶级掀起革命。28日，巴黎公社宣布成立。至5月28日，公社最后据点失陷。

1874A.D.

莫奈作《日出》，创印象派。

1877A.D.

恩格斯著《反杜林论》。

易性作《社会支柱》。

徐寿传入现代化学

同治十年（1871），徐寿所译《化学鉴源》一书由江南制造局出版。

徐寿精通天文历算，善于制作，弃绝科举，转而研究格致之学。1855 年，他读墨海书馆的《博物新编》，开始钻研化学。他一生共译化学等科技书籍 35 部，约 290 多万字，比较系统地反映了近代化学的主要内容，对奠定中国近代化学基础具有重要意义。其中以《化学鉴源》最为重要。

《化学鉴源》是一部讨论普通化学的书，出版后风行一时。《化学鉴源续编》是专论有机化学的书，《化学鉴源补编》是专门讨论无机化学的书，其中已叙述到 1875 年发现的新元素镓（Ga）。《化学鉴源》一书内容是定性分析化学，《化学求数》则是定量分析化学。再加上徐寿之子徐建寅译的《化学分原》和汪振声译的《化学工艺》，可以概括 19 世纪 70 ～ 80 年代近代化学知识的主要部门，它们不仅对我国近代化学的发展起了奠基作用和启蒙作用，而且影响远至日本。

徐寿是中国近代化学的先驱者，为我国传入化学作出了积极的贡献。首先他确定了化学基本物质的中文命名原则。徐寿以前，大部分的化学元素在汉语里没有现成名称可用。到徐寿译书时，化学元素已经有 64 个。如根据"养气"、"轻气"之类以性质命名的原则继续下去，便十分困难。因此徐寿提出了一个取西文第一音节造新字的命名原则。如钠、钾、锰、镍、锌、镁、钙、钴等都是徐寿创译的，一直沿用到今天。从那时开始，中国才有了一套系统的元素名称。今天通用的元素中文名称基本上是采用那时决定下来的原则。《化学鉴源》就是中国第一本中文化学元素表。1882 年同文馆也曾出版了一本由法国教习毕利干口译、承霖和王钟详笔述的《化学阐元》。这本教材采用了另外一套元素命名原则，即按照元素的特性造字，因太难记，未能被后人采用。而徐寿运用的命名原则为我国元素名称的建立奠定了基础。此后又经过化学工作者几十年的努力，不断修正改进，才完备了现在的化学名称。

近代节会盛行于民间

　　清代，各地民间年节的庙会游艺活动丰富多彩，且有各种民间歌舞表演和民间百戏等。这些民间表演艺术，后又发展成为清代"百戏"。它们在形式上不但包括音乐、舞蹈、杂技、武术、幻术和一些体育活动；且包括戏剧声腔、曲艺及各种民间杂耍，甚至工艺美术等。清代李声振的《百戏竹枝词》一书中，便对百戏列有细目，其中有：吴音、弋阳腔、秦腔、乱弹腔、月琴曲、唱姑娘、四平腔、花档儿、女优、琵琶伎、霸王鞭、十不闲、踏谣、鼓儿词、弹词等等。

　　到清后期，民间节会更加发达。清代后期的岁时节日主要有元旦、立春、上元、填仓、龙头、文昌、花朝、清明、浴佛、端午、天贶、七夕、中元、中秋、重阳、寒衣、冬至、腊八、祭灶等20余种。清代后期岁时节日的功能与古代社会前期较为单一的情形不同，显示出综合性较强的特征，除了传承的主要特征外，多融合了农事、娱乐、饮食、交际、信仰等多种功能，其中娱乐是主要内容。

　　元旦是最隆重喧闹的节日，持续三五日，甚至延续到正月十五的上元节。易门神、换桃符、更春联、拜贺、请客、逛市场，放纸炮、爆竹，欣赏各种表演，热闹非凡，纯属为了娱乐。八月十五的中秋节，合家团聚，以赏月为主要娱乐形式，期间也吟诗歌唱。

　　立春是农事节日，主要内容为迎春和打春，而迎春本身就是人们装扮社火、扮演杂剧的娱乐活动。二月上旬的花朝节，是花王的生日，士人以赏花、饮酒、赋诗等形式娱乐。清明节也不仅仅是扫墓祭祖，还流行踏青、荡秋千、放风筝等活动。五月初五日端午节，南方水乡普遍有赛龙舟的风俗。因为岁时节日是民众进行娱乐活动的主要时机，故杂技、曲艺、歌舞、戏曲、体育、游艺等活动在岁时节日最为盛行。民众通过社会性娱乐活动，既可解除疲劳，调节情绪，更以此作为开展社会交往的机会。

逛厂甸图。北京和平门外的厂甸，每年初一到十五，商贾小贩云集，组成交易市场。由图可见清代集市风貌。

迎神赛会也是大众娱乐的普遍方式。包括春祈秋报和神诞庙会时进行的各种演出。春秋社和神诞日的活动最初是娱神，在清代后期则是娱神、娱人兼有，但以娱人为主。如安徽泾县民间每年凡逢迎神赛会时，不但要举行娱神的活动，而且每当赛会时必须演戏；除正戏外，还兼演傀儡戏一出；杀鸡沥其血以飨神。各种神诞庙会的娱乐活动也形式多样，如在北京，逢遇城隍出巡及各庙会的"过会"，就由"京师游手"扮作开路、中幡、杠箱、官儿、五虎棍、跨鼓、花钹、高跷、秧歌、什不闲、耍坛子、耍狮子之类，随地演唱，观者如堵。

《申报》创刊

同治十一年（1872）三月二十三日，英国商人美查等四人在上海合资创办《申报》。

晚清新闻业逐渐发达，各类报刊纷纷刊行。其中影响最大、历史最久的就是上海《申报》。

　　《申报》开始是用油光纸以铅字排印，隔日出版一张。4个月以后，由于销路逐渐看好，改为日报。当时的办报宗旨是"为闾阎申疾苦，为大局切维图"，编辑和经理也都聘请中国人担任，时事政治、社会新闻、商业信息等等，无所不载，涵盖了社会生活的各个方面。《申报》主要行销上海，也向各通商口岸发行。宣统元年（1909），由于营业额下降，发行不景气，被该报华人经理买办席裕福（子佩）收买。民国初年（1913）席裕福将《申报》转让给史量才等人。史量才等人接办后，使《申报》成为著名大报。1949年5月上海解放时，该报停刊。

送报图

盛宣怀大办洋务

　　从同治十一年（1872）开始，盛宣怀大办洋务，并进入政界，成为洋务运动后期的核心人物和具有强大政治权势的大资本家。

盛宣怀像

盛宣怀（1844～1916），字杏荪，号愚斋、止叟，江苏武进人。1870年入李鸿章幕，深得赏识。1872年被委为会办，参加创办轮船招商局，1885年升任为该局督办。此后并以大股东身份长期控制该局。1875年任湖北开采煤铁督办；1880年创办电报总局，任总办；1893年筹办华盛纺织总厂，任督办。与此同时，盛宣怀以办洋务成绩突出，在李鸿章的力荐下进入政界，1879年代理天津河间兵备道；1884年代理天津海关道；1887年任山东登莱青兵备道兼东海关监督；1892年任津海关道兼津海关监督，直至1896年。

　　甲午战争后，盛宣怀更大规模地兴办企业，其个人资产与日俱增。1896年以督办身份接管张之洞创办的官办汉阳铁厂和大冶铁矿、萍乡煤矿，改为官督商办；1908年改组为商办汉冶萍公司（全称为汉冶萍煤铁厂矿股份有限公司），自任总理，并为公司大股东。1896年受清政府委派督办中国铁路总公司，直至1905年；同年创办中国通商银行。

　　然盛宣怀办洋务多以出卖国家利益为代价。他经办汉冶萍煤铁矿，连续与日本签订借款协议，以铁矿石低价输日作抵押，使公司债务累累，处处受制于日本。在督办铁路总公司任内，又与比、英、美等国签订铁路借款合同，致使几项铁路权落入列强之手。1911年5月，受清政府之命与四国银行团签订湖广铁路借款合同，把原已允诺商办的川汉、粤汉铁路权交给外国资本作抵押。此举激起四川、湖北、广东等地人民的强烈反抗，掀起声势浩大的保路运动，直接引发了辛亥革命的爆发。武昌起义后，盛宣怀逃往日本。1913年回国再任轮船招商局副董事长、汉冶萍公司董事长，并以公司财产作抵押，向日本大举借款。1915年，他策划筹组中日合办钢铁公司未果，次年在上海病死。

容闳开拓留学教育

同治十一年（1872），中国开始派遣学生出国留学。

从创办新式学堂、设立机器制造局、正式实践"师夷长技以制夷"开始，洋务派始终戒备洋人的把持和要挟。有识之士从长远的国际意义上考虑，坚持培养自己的人才，由自己人掌握西方先进科技。

19世纪70年代，容闳向洋务派重臣提出了一个划时代的建议：派幼童出国学习，从此揭开了中国留学教育的序幕。

容闳（1828~1912），是中国留学美国并获耶鲁大学学位的第一人。他从小就读于澳门的英语学校，19岁赴美留学，虽然自幼接受教会教育并得到外国教会的资助才得以完成大学学业，

容闳像

1872 年，清政府首次选派 30 名学童赴美留学，其中有詹天佑。

但他始终牵挂祖国的前途和命运。

容闳早年便立志以开拓教育为救国之道，欲使更多的人能像他一样享受文明教育，因此大学毕业后立即回国，争取实施他的留学教育计划。

在遭到太平天国干王洪仁玕的拒绝后，他转而向曾国藩、丁日昌等洋务派重臣献策。他认为派幼童留学好处有四：一是年龄小，学话容易；二是在国外可系统学习第一手的知识；三是幼童在外日久，能拓宽视野；四是幼童长成后便成为专门人才，从此不必怕外国人拿捏。

在曾国藩、李鸿章的努力下，清廷委派刑部主事陈兰彬及容闳为正副委员，常驻美国，主持留学教育的一切事宜。

从同治十一年（1872）起，中国连续 4 年每年派遣幼童 30 名赴美留学。这些幼童多来自广东、浙江、江苏一带沿海开放省份。他们在美国每 2 人一组住进美国人家中学习外语，然后就近入学，并陆续进入美国各大学开始深造。从同治十三年起，还建成了留学事务所的永久办公所。

但守旧派如陈兰彬之流却不断打击、毁谤留学幼童，诬指他们失去爱国心、全盘西化，导致清政府于光绪七年（1881）六月电令留美学生全部撤回。这批幼童尽管回国后遭遇坎坷，但经过艰难曲折的奋斗，多数仍成长为国家栋梁之材，如民国首任总理唐绍仪、海军元帅蔡廷干、著名工程师詹天佑等，便是其中的佼佼者。

　　清政府为这批留美幼童大约花费白银 60 万两，但其远期效益和社会影响却十分广泛，其价值是不能用区区 60 万两白银来衡量的。

轮船招商局设立

　　同治十一年（1872）十一月，中国第一家新式航运企业——轮船招商局在上海正式成立。

　　自从五口通商以来，中国的航运逐渐被外国的轮船公司垄断，这样，内江外海的利益都被外国攫取了。为了打破这种格局，同治十一年（1872）七月，李鸿章上奏请求设立轮船招商局，得到清政府批准，派浙江海运委员、候补知府朱其昂招股试办。因朱其昂经营不善，同治十二年，李鸿章委任唐廷枢为总办，改组全局，重订《局规》及《章程》。

　　轮船招商局名为商办，实际是官商合办。总局设在上海，分局设在牛庄、烟台、天津、汉口、广州、香港以及国外的横滨、新加坡等地，主要承运漕粮，兼揽商货。初创时，只有轮船 3 艘，后来又不断购买，后来增加到 12 艘。唐廷枢主事后，招商局发展顺利，于光绪三年（1877）又购进旗昌轮船公司的旧轮船 18 艘，组成一支实力可观的商船队，初步打破外轮对中国航运业垄断的局面，扩大了经营。但是，由于管理腐败，又遭受外国轮船公司的竞争和排挤，招商局一直难以维持。光绪十一年（1885）盛宣怀奉命进行"整顿"，改为官督商办，但仍连年亏损。宣统元年（1909），轮船招商局再次改组，归邮传部管理。

地方官书局兴起

　　清代后期，官府刻书日趋衰落，不但数量减少，而且内容也很平庸。另一方面，民间刻印发展蓬勃，西方文化思想的流入，革命思想的萌发涌动，

使得各类图书鱼龙混杂。在这样的历史情况下，洋务派代表人物曾国藩在镇压太平天国运动后不久在南京冶成山创设了第一所地方官书局——江南书局，目的是想重印儒家典籍，以消除太平军焚烧儒家经典和刊出革命思想书籍所带来的影响。

在曾国藩的倡导和影响下，随后各省也纷纷设立地方官书局。如金陵书局、江楚书局、淮南书局、江苏书局、浙江书局、思贤书局（湖南）、崇文书局（湖北）、江西书局、存古书局（四川）、皇华书局（山东）、山西书局、敷文书局（安徽）、福建书局、云南书局、广雅书局（广东）、直隶书局（河北）、强学书局（北京）等。到光绪二十二年（1896），清政府正式设立官书局中央管理机构，并于同年列定开办章程。

在清政府的开办章程中规定了地方官书局的种种任务。一是收藏书籍，凡是"古今经史子集有关政学术业者"或"列朝圣训钦定书籍"，都要购置收藏。二是翻译、刊印各国"公法、商务、农务、制造、测算之学，及武备、工程诸书"。三是购置引进"化学、电学、光学诸新机，矿质、地质、动物、植物各异产"。四是拟设学堂，推广教育。等等。

尽管官书局需要承担如此之多的文化教育任务，但大多数只注重刊印经史子集等各种古籍，唯有江宁的江楚书局体现了洋务派书局的本色特点，刻印大量教育用书，包括学校章程、专业教材等，还专门出版了不少翻译著作。

清末地方官书局的兴起，是清政府封建统治日益衰落的必然结果，也是中国近代历史转折的一个文化象征。尽管不少地方官书局为封建集权与宗法制度大唱挽歌，但大量刻印古书，保存了许多传统文化，而且许多书局在后期转向出版译书、教材、科技书刊，传播了欧美近代文化成果，为中国官方出版业进一步顺应社会时代的发展，起到了承前启后的作用。

杨乃武与小白菜案发

同治十二年（1873）发生的杨乃武与小白菜冤案是晚清轰动朝野的一大公案。

杨乃武是浙江余杭的举人，"小白菜"是毕秀姑的绰号。同治十一年（1872），毕秀姑嫁给余杭城某豆腐店伙计葛品莲，婚后夫妇两人租举人杨乃武屋，相邻而居，来往无间。

当时，杨乃武丧妻不久，葛品莲怀疑毕秀姑与杨乃武私通，葛母也从中挑弄事非。同治十二年（1873）冬，葛品莲暴卒，葛母向知县控告葛毕氏谋杀亲夫。知县草率验尸，臆断葛品莲是中毒身亡，将葛毕氏拘押刑讯。葛毕氏屈打成招，伪供她与杨乃武早有奸情并合谋杀死亲夫。杨乃武遭拘押后，却矢口否认。县令将此案上报杭州府。府署对杨乃武施以酷刑，杨乃武不堪酷刑，也屈打成招，伪称是用砒霜作的案。此案报到省里后，拟将葛毕氏凌迟处死，杨乃武斩首示众。浙江巡抚杨昌浚亲自审讯，葛毕氏、杨乃武二人料难翻案，屈供如前，于是按照杭州知府所拟定的罪名报到刑部。同治十三年（1874）刑部核案时，仍悬而未决。派浙江学政胡瑞澜承办复核此案，严刑审讯中，二人依然屈认。于是酿成冤狱，朝野轰动。

到光绪元年（1875），在翁同龢的支持下，京中御史边宝泉上奏异议，请求将此案提交刑部仔细查讯，浙籍京官联名上书请求复核。清政府下令刑部复查，刑部奉命移棺京师，于光绪二年（1876）当众开棺验尸，验明葛品莲实系病死，而并非中毒死亡，此案真相始得大白。杨乃武、小白菜先后获释，杨昌浚以下审办官员均受处分。

此案传说多有歧异，后来曾编成戏曲，流传民间。

胡庆余堂开业

同治十三年（1874），胡雪岩投资 20 万两白银，在杭州西湖之畔创建胡庆余堂雪记药号。1877 年正式对外营业。与北京同仁堂并称全国规模最大、名声最响的国药号。

胡雪岩根据《太平惠民和剂局方》700 多年的临床经验，又多方搜求古方，精心筛选出配制丸散膏丹及胶露油酒的验方 400 余种，前店后场，自产自销。

胡庆余堂的药因选料精良、制作精细、设备讲究、药效显著而享誉国内外。胡庆余堂生产的"紫雪丹"药，为增强药效，其最后一道工序"熬煎搅拌"，须在一套特制的金铲（133 克）、银锅（1835 克）中进行。

1883 年，胡庆余堂由独资经营改为股份制经营。1914 年，陈楚湘、施凤翔等人在上海开设分号，生产丸散膏丹油酒等，规模亦为上海之首。

中华人民共和国成立后，杭州、上海的胡庆余堂经过社会主义改造，成为两地多家国营中药厂的前身。

胡庆余堂用于焙炒炮制贵重药材的金铲银锅。

胡庆余堂

王韬介绍西方世界

王韬是资产阶级早期改良派的代表和介绍西方世界的先驱之一。

王韬（1828～1897），江苏长洲人。18岁中秀才，后屡试不中。道光二十九年（1849），应英国传教士麦都思的邀请，离家乡赴上海，任职于英国教会办的墨海书馆。太平天国时期，他屡向清政府献"御戎"、"平贼"等策，未被采纳。1862年回乡，化名"黄畹"，上书太平军将领刘肇均，此事为清军获悉，下令缉拿。在英国领事麦华陀庇护下，他逃往香港。1867年至1870年间，由英人理雅各邀往英国译书，并游历英、法、俄等国。1874年回香港主编《循环日报》，评论时政，主张变法自强。他是中国资产阶级改良派的第一个报刊政论作家。

王韬的思想对洋务派很有影响，其著述最著名的有《法国志略》、《普法战纪》、《扶桑游记》、《漫游随录》等。

王韬是一位法国史研究专家。在《法国志略》里，他详细记载了法国的职官、国用、税务、银肆、商务、国会、礼俗、学校、教会、车路、邮政、刑律、水利等方面。他通过研究法国及欧洲其他国家的历史和现状，提出了中国人了解世界、认识世界的紧迫性。他联想到清初修《明史》时，人们甚至说不清楚法兰西位于何处，不禁感慨万千。在《法

19世纪末在中国传教的外国人

国志略》里，突出地反映了他对君主专制制度的批判态度。书中对路易十四的专横、路易十五的奢淫，都记载得清清楚楚。而对路易十六的"新政"则表示赞赏，对路易十六之"从容就死"深表同情。这表明王韬只赞成君主立宪而反对法国大革命的暴力行动。宣扬君主立宪，主张改良立新是王韬写作《法国志略》的主要目的。

《普法战纪》是王韬另一本重要著作。1870年至1871年，普法战争刚刚结束，王韬随即撷拾其前后战书，汇为一体，成为《战纪》。写此书的目的也是让国人知晓，法国战败是君主专制造成的后果，只有君主立宪才是中国唯一的出路，否则也会爆发像法国大革命那样的残酷战争。《扶桑游记》和《漫游随录》是游记性质的著作，书中记载作者自己东渡日本、西游西洋的所见所闻。

日军侵略台湾

同治十三年（1874）三月，日军入侵台湾。

同治十年（1871），琉球渔船遇到飓风漂流至台湾，高山族民众误杀船民54人，另外12人由清政府送回琉球。当时，琉球是中国属地，所以此事本与日本无关，而日本却以此作为侵台借口。

同治十一年（1872），日本要求琉球国王接受其藩王封号，将琉球纳入日本版图，同时妄称台湾不是中国管辖之地。同治十二年，日本外务卿副岛种臣来华，派副使柳原前光到总理衙门质问高山族人杀死琉球船民一事。清总理衙门官员毛昶熙等声明，台湾、琉球都是中国领土，中国自己会处理该纠纷，与日本无关。但又说杀人的高山族是"化外"之民。日使无言可对，但他抓住答辞中的个别字句，曲解为台湾高山族居地不属于中国版图。

同治十三年（1874）二月，日本政府设"台湾番地事务局"，任命大隈重信为长官，在长崎设立侵台军事基地；又派陆军中将西乡从道率兵三千，进攻台湾。美国供给日本军火，派船为日本载运军队，前美国驻厦门领事李仙得充当侵台日军参谋，美国军官也亲自参与指挥作战。三月二十三日，日本侵略军在琅㤝强行登陆，受到高山族人民的英勇反击。日军在琅㤝地方烧杀抢掠，并在龟山设立都督府，意图久踞。清政府派福建船政大臣沈葆桢到台湾部署防务，先后调集一万多军队到台湾。日军进退两难，转而派代表与清政府谈判，想通过外交讹诈达到目的。

同治十三年（1874）八月，日本特使大久保利通等抵达北京，对清廷大肆恐吓威胁。清代表开始时据理力驳，后来在英国公使威妥玛的"调停"下妥协。九月，奕訢与保利通订立中日《台事专约三款》，中国赔银50万两；承认日本侵台为"保民义举"；日本从台湾撤兵。这样，给日本正式吞并琉球提供了口实。光绪五年（1879）三月，日本侵占琉球，改置冲绳县。琉球官员向德宏抵达天津，向李鸿章请援。李鸿章建议用"延宕"之法。此后，清廷再不提琉球问题了。

台湾新竹军民抗击日军图。

《循环日报》发刊

同治十二年（1874）十一月，王韬、黄平甫等在香港集资创办了《循环日报》，开始了中国人自己办报的历史。该报主要刊载新闻和评论，以政论著称。

《循环日报》初创时为日出4开2张，1张用以登载新闻和评论，间刊短小文艺作品，1张专载船期和商情。创刊第二年，一度增出月刊，选载当月日报上的重要新闻和评论。1941年日军侵入香港时停刊，抗战胜利后复刊，1947年又停刊。1959年10月再次复刊，不久又停刊。

《循环日报》以1874~1884年王韬任主编时影响最大，经常发表大量文章，评论时政。主张变法自强，要求发展近代民族工业；提出"富强即治国之本"，认为学习西方的富强之术，必须先富而后强，因此应广贸易、开煤矿、兴铁路、造轮船；主张应允许民间自办公司，兴办工矿交通企业，认为官办不如民办。

该报对洋务运动颇有批评，所刊文章经常为内地报刊所转载。王韬的《睦邻》、《重民》和郑观应的《论商务》、《论交涉》等文章尤为著名，都首先在该报发表。

《循环日报》是中国近代早期著名的政论报纸，其所宣传的思想反映了新兴民族资产阶级的利益和要求，为后来的维新变法运动作了思想上和舆论上的准备。

地方小吃兴起

清代后期地方小吃勃兴，名点与名小吃、风味食品、风味菜与宴席不但种类繁多，制作工艺独到，独具风味，而且这些地方名优特食品还有着地区性、时令性、阶层性、民族性和多样性诸特色。有许多名点与名小吃流传至今，仍在国内外享有盛誉，如西北的羊肉泡馍、牛肉面，山东的煎饼、锅盔，奉天（辽宁）的老边饺子，京师（北京）的烤鸭、涮羊肉、豆腐脑、豌豆糕、冰糖葫芦、抻面，宁波的汤圆，广东的龙虎斗，广西的烤猪，山西的刀削面，长治"和合兴"作坊最负盛名的"上党自酥饼"，四川的榨菜、灯影牛肉、担担面、回锅肉，川式糕点中的糖皮点心"龙凤饼"，江苏的过桥面，云南的汽锅鸡、过桥米线，天津的"狗不理"包子等等，均为风味独特、加工精细、名闻全国的小吃与风味食品。

随着地方饮食文化的繁荣，在许多对外开埠的城市涌现出一批制作名点名吃名菜的店铺、老字号和风味菜馆，而且通过各地方饮食文化的交流有所创新，如清末天津的"刘记炸糕铺"创制津门小吃"三绝"之一"耳朵眼"炸糕；当时上海从小东门到南京路已有上海菜馆一二百家之多。那时，上海菜馆的经营有三种不同类型：

第一种，许多中小型饭店都经营经济实惠的便菜便饭，同时兼营少数热炒菜。如上海早期出名的大众菜炒肉百叶、咸肉豆腐、肉丝黄豆汤、草鱼粉皮、八宝辣酱、炒三鲜、全家福等。第二种是一些大中型菜馆，以经营炒菜和"和菜"为主。和菜是上海菜馆的首创，它是把冷盘、热菜、大菜和汤配成一组供应，花样多，又比较实惠，当时十分盛行。第三种是一些大店名菜馆，以经营筵席和高档名菜为主。这种菜馆规模大，设备好，餐厅高雅，如上海最早的本地菜馆泰和酒楼、鸿运楼、大中园等。

各地方菜系（如鲁、川、扬、粤、湘、闽、徽、浙及北京、上海菜）都在地方饮食文化繁荣的基础上，进一步完善丰富发展和定型，进而使得各地方饮食文化的风貌更加多彩多姿，内涵更加充实，并对后世产生巨大影响。

清宫饮食丰盛

清入关之后，接受了中原的饮食文化并融合本民族的饮食习惯，加以提高，形成了华美、完整的一套宫廷饮食系统。

清廷在宫中每逢除夕、元旦、上元、中秋、冬至等年节和帝后寿辰，要举行各种筵宴。

根据文献的记载，大宴所用宴桌、式样，桌面摆设，点心、果盒、群膳、冷膳、热膳等数量，所用餐具形状名称，均有严格规制和区别。皇帝用金龙大宴桌，皇帝座位两边，分摆头桌、二桌、三桌等，左尊右卑，皇后、妃嫔或王子、贝勒等，均按地位和身份依次入座。皇帝入座、出座，进汤膳，进酒膳，均有音乐伴奏，仪式十分隆重，庄严肃穆；礼节相当繁琐，处处体现君尊臣卑的君臣之道。

御膳

到清末，清宫饮食更加精致丰富。慈禧太后在饮膳方面的奢侈、靡费、豪华无与伦比。有私厨，有专门的厨师、有常备主食和菜肴，供她用膳。慈禧垂帘听政后仍有私厨叫西膳房，下分五局：一、荤菜局。专做烹、炒、炸、溜、蒸、炖各种山珍海味，鸡鸭鱼肉等荤菜；二、素菜局。专用豆腐、面筋等素菜做各种炒菜、炸菜、溜菜等；三、饭局。专做饭、粥、馒头、花卷、烙饼、面条等各种主食；四、点心局。专做早点、午后点心，还有夜宵所用各种蒸、煮、炸、烙点心；五、饽饽局。专做酥皮饽饽（满语称糕点为饽饽）、酥盒子、奶油琪子、小炸食、赛其玛（即撒其玛）点心。

至于在常备的主食与菜肴方面，慈禧私厨西膳房制作的食品花样繁多，能制作点心400余种，菜品4000多种，上等的燕窝、鱼翅、熊掌、鸡鸭鱼肉等应有尽有。而慈禧爱吃的主食、小吃、菜肴则主要有小窝头、饭卷子、油性炸糕、烧麦、黄色蛋糕、炸三角等，以及菜包鸽松、和尚跳墙（把酥造肉和剥皮的熟鸡蛋四枚放在一起上屉蒸熟）；菜肴有清炖肥鸭、烧猪肉皮、樱桃肉、清炖鸭舌和鸭掌及"西瓜盅"等。此外她喜食的粥的种类也颇多，有荷叶粥、藕粥、绿豆粥、肉粥、果料粥、小米粥、薏仁米粥、大麦米粥、粳米粥等。这些粥有的是季节应时吃的。而每当慈禧身体不爽时，则吃老米稀饭，用微黄色的陈仓米煮成，煮出来的粥为散粒，吃时没有粘性。

　　按照清朝宫廷制度，慈禧太后用膳每天有固定的时间，一般早膳 6 点，中饭 12 点，晚饭下午 6 点。临时用点心，随传随用。传膳前，各局将做好的菜一律装入膳食盒中，放置在廊下几案上。盛菜的用具是木制的淡黄色专用膳盒，外描蓝色二龙戏珠图案。菜盒内，盛菜的器皿下边嵌有一个锡制座。座内装热水，外包棉垫。膳食盒封得严密，不漏气，能保温较长时间。传膳侍侯，诸事均由各大小太监料理。

一贯道出现

　　同治年间，在鲁、豫、苏、皖、鄂数省，兴起一个新的民间宗教教门，叫末后一著教，即一贯道，创始人和教主是山东青州人王觉一。

　　据一贯道经书记载，王觉一道号北海老人，前为东震堂之师祖，其师为西乾堂祖师，则王与八卦教乾、震两卦有关，可能是震卦王姓之后，故称东震堂以示继承震卦事业。一贯道把王觉一称为该道十五代祖师，而把道统上溯到盘古、太昊、黄帝，遂以达摩为初祖，下接禅宗和罗教的祖师。这是许多宗教教派喜欢做的事，即杜撰道谱，以张大教门。

　　王觉一自称是古佛降生，手掌有古佛字纹，故人称"王古佛"。王觉一将该教门称为"末后一著教"，是缘于《古佛天真考证龙华宝卷》；又称该教为一贯道（初为一贯教）是起于孔子之言："吾道一以贯之"。但据王著《一贯探源图说》，王觉一要一以贯之的并非仅限于孔子的忠恕之道，而是要贯通儒佛道三教，使其归于一。王觉一著《三易探源》《学庸圣解》《一贯探源》《圆明范格》等书，阐述三教一贯之旨，以穷理尽性以至于命为修道要义；宣扬末劫来临，入教修持可以免劫；又修炼内丹气功，教弟子炼精化气；还喜谈易理、天象，讲论灾劫、异术、相数，多作宗教预言；又供奉无极、太极、皇极三图，授徒众诸佛诸祖咒语。

　　王觉一父子有强烈反清意识，心怀取彼而代之的抱负，从光绪八年起即在江苏、湖广一带组织抗清暴动。据光绪九年一贯道徒徐金洪被捕后的供词，王觉一利用江南天灾甚大，与道徒约期起事，以徐金洪为江南总头目，吴玉山为先行，万老四为参军，有方印，有"重整三教，编选道统"八字，用铃印旗帜，后计划流产。后来王觉一父子等至汉口，招收徒弟，皆拜一贯图，不设神道偶像，确定武昌、汉口举事总指挥为熊定帼，王觉一回到扬州。起事被发觉而失败，其子王继太等被杀，王觉一避匿，于光绪十年死在天津杨柳青。一贯道在民国以后成员日趋复杂，社会作用有相当大的消极面，乃至最后走向反动，但在清末却是一个反抗清朝暴政的民间宗教教派。

安徽省歙县棠樾村的石牌坊群，由两座明代石坊与五座清代石坊组成。

塞防海防论战

清代后期，朝中大臣就有关塞防海防何者更重要的问题展开了一场论战。论战关系到战略部署与国防建设，因而影响十分重大。

同治四年（1865），中亚浩罕国军官阿古柏侵入新疆，悍然宣称建立"哲得沙尔王国"，得到英、俄两国的支持。1871年，沙俄也出兵强占了新疆北路的伊犁地区，塞防危机空前加剧。

同治十三年（1874），日本出兵侵犯台湾，鸦片战争后刚刚缓和的东南沿海形势重新紧张。

面对塞海防同时告急的危局，关于国防建设何为重点的塞海防论战开始了。这场开始于19世纪70年代中期的论战，共有3种意见并存。以李鸿章为代表的"海防派"认为塞防海防不可能同时经营，新疆的得失对国家元气影响不大，因而建议将国防重点放在海防上，以消除心腹之患。这一意见遭到以王文韶为代表的"塞防派"的全力攻击，他们认为西北的巩固是稳定东南沿海局势的前提和保障，只有打击了沙俄的侵略野心，才能使其他各国不敢在沿海挑衅。左宗棠却主张塞海防并重，新疆是边塞藩篱，国防要冲，和东南沿海有同样重要的战略地位，二者不能偏颇。这一意见建立在国防建设的目的是保卫国家全部国土、维护国家整体利益的基础之上，因而得到清廷的首肯。

在军机大臣文祥的支持下，塞海防并重被定为基本国策。在命令左宗棠督兵出关平定西北的同时，让李鸿章着手加强东南海防建设。然而这种分散力量、不分主次的战略是有缺陷的，并不完全适应当时的国情。这也是对外部战情缺乏正确预测的结果。清朝一些官绅对正在强大起来、野心勃勃的日本缺少足够的警惕，较多地从现实的威胁着眼，作出了错误的判断，使国防建设在战略上出现了失误。

但清政府内一些有识之士已认识到日本帝国主义的潜在威胁。丁日昌就曾疾呼加强海防，以制止日本的侵略野心，显示出敏锐的军事洞察力。但他

们的意见未被重视。国防建设战略上的失误，直接导致后来中日甲午海战的失败。这一教训是极为惨重的。

福建海军建成

从光绪元年（1875）起，清政府创建近代海军的计划开始实施。沈葆桢分管的南洋包括江苏、浙江、福建和广东四省，基础较好，因而发展十分迅速。

福州船政学堂和马尾港等基础设施为南洋水师的起步奠定了较好的基础。1870年，福建水师提督李成谋被任命为"轮船统领"时，已拥有"万年青"、"湄云"和"福星"三船，并于第二年制定了《轮船出洋训练章程》和《轮船营规》。近代海军终于艰难地起步了。到1874年，福建海军已拥有18艘舰船。为了换取各省的财政支持，缓和福建船政总局的经济困难，本来数量就少、且驻扎分散的福州舰队将所制造的舰船调往各省，极大地限制了自身的发展壮大。但1884年仍拥有各式舰船16艘，在当时各路海军中实力还是相当强的。在这一年8月，福建海军作为法国远征军的重要攻击目标，在马尾海战中遭到重创。其参战的11艘舰船被击沉击毁9艘，击伤2艘。官兵伤亡达700多人。福建海军的精锐损失殆尽，从此一蹶不振。虽经努力，但再也无法恢复昔日的雄威。

福建海军的建成毕竟是我国近代海军的开端，它在与法国侵略者的英勇作战中创立的卓越功勋是不可磨灭的。

马嘉理事件发生

光绪元年（1875）正月，云南发生了"马嘉理事件"。

为了修筑一条由缅甸仰光到云南思茅的铁路，同治十三年（1874），英国上校军官柏郎率领武装探路队近200人，从缅甸出发，探测到我国云南的路线；英国驻华使馆的职员马嘉理，也奉公使威妥玛之命，从北京经云南到缅甸接应，准备年底与柏郎在八莫会合。

光绪元年正月（1875），马嘉理和柏郎率领武装探路队不事先通知地方官，就擅自闯入云南，并扬言要进攻腾越城（今腾冲）。曼允山寨的景颇族人民力阻英国侵略者通过。正月十六日，马嘉理向当地群众开枪逞凶，群众义愤填膺，将马嘉理及几名随行中国人打死，并把探路队赶回缅甸。这就是"马嘉理事件"，又称"云南事件"或"滇案"。

当时，威妥玛就马嘉理事件向清政府施加外交压力，声言将派兵入滇。其时，新疆正值多事之秋，清廷已命左宗棠西征以收复新疆。由于担心英国会与俄国联合起来阴谋占据新疆，就命令李鸿章、丁日昌一同妥善办理此事。次年七月，李鸿章与威妥玛在山东烟台签订中英《烟台条约》。中国将所谓"凶犯"正法，向英国赔款、道歉；允许英国人开辟印藏交通；开放宜昌、芜湖、温州、北海为通商口岸。

清代衙门格式（河南内乡）

防军建立

光绪元年（1875），清廷分别任命湘淮军统帅沈葆桢、李鸿章为南、北洋大臣，使这两支勇营部队成为南北洋沿海各省的主要驻防部队，担负着重要的海防任务，这些部队被称为"防军"。

防军的主力是湘系和淮系两军，其中李鸿章的淮系实力最强，装备也最为精良，步兵一律使用洋枪，炮兵在1871年就开始改装当时最新式的克虏伯后膛钢炮，1884年已达370多门。其他各路防军力量也时有消长，在中法战争和中日甲午战争时期达到两次高峰，多装备以洋枪洋炮，总体水平普遍高于同时期的各省练军。曾国荃部湘系防军装备也较精良。参加甲午海战的东三省防军以洋枪洋炮为主，其中后膛快枪占40%左右。

防军的装备特点有一个严重的缺陷，就是新旧混杂，型号杂乱。由于世界枪炮生产处于飞速发展时期，枪炮多次改型，我国自行生产的枪炮也多次更改，政府在采购和生产上又无统一的计划和管理，因而防军各行其是。武器的混杂给后勤保障带来极大的困艰，严重削弱了战斗力。

在操练上除继承或效法湘军勇营操法外，也学习西方陆军的操练方法。淮系防军还率先聘请德国教官教练步操。

从总体上看，防军（包括练军）是新技术与旧制的混成物。在技术上逐步实现了近代化转变，但建制上仍沿习湘军在当时技术条件下的建军原则，不适应大兵团协同作战，士兵缺乏主动性和散兵作战能力，在军事制度和军事理论上远远落后于同步发展起来的近邻日本。

虽然此期的防军是清政府赖以支撑国防的重要力量，但作战能力相当有限。这从反面给后世军事制度以深刻教训和历史借鉴。

川东教案发生

同治十二年至光绪元年（1873 ~ 1875），黔江、南充、营山、内江等县都有杀教士、毁教堂事件发生。

同治八年（1869）酉阳教案后，法国川东主教派教士到各县发展教会势力，再次激起反洋教斗争。

光绪二年（1876）初，邻水县教民王同兴结伙抢劫杀人，激起民愤，大批教民被驱逐出境，教堂被拆毁。三月十三日，江北厅（今江北）陈子春、聂钦斋集合48场乡民数千人攻打教堂，焚毁医馆十余处、教民房屋200余所。五月十九日，涪州（今涪陵）张在初等聚众焚毁教堂多处，劫毁教民一百多家，驱逐大批教士教民。九月，又有数千乡民拥到涪州城，焚毁教堂及教民房屋。四川总督丁宝桢以赔偿白银79200两结案。

张之洞《书目答问》成为旧学入门书

光绪元年（1875），张之洞为指引求学之士读书治学，作《书目答问》。

张之洞（1833 ~ 1909），清直隶南皮人，字孝达，一字香涛，号壶公、无竞居士。同治二年进士，授编修；光绪初期，历任湖北、四川学政、翰林院侍读、侍讲及内阁学士；自光绪十年先后任两广、两江、湖广总督近30年，创办不少洋务企业；光绪末年为军机大臣、体仁阁大学士。著有《劝学篇》、《书目答问》、《广雅堂集》等。

《书目答问》是张之洞出任四川学政期间所作，其目的是引导学生读有用之书。在他看来，有用之书一定是"可用以考古，可用以经世"的。根据这一标准，他在《书目答问》中不仅收录介绍了许多传统古籍中的精华著作，而且还录有大量的清人著述及翻译著作，如《新译海塘辑要》、《坤舆图说》、《代数术》、《曲线说》、《数学启蒙》等，体现了洋务派的"中学为体，西学为用"

的观点，也是《书目答问》区别于《四库全书总目提要》之处。

《书目答问》共收录2000多种书籍，分成经、史、子、集、丛书等5部。丛书单独立类是该书的首创，它反映了丛书在明清的发展，也为本书确立了在书目分类学上的地位。书目之后还有两个附录。其一是别录，专门列举初学读本；其二是清代著述诸家姓名略，总结清代学术成就，并将各家分类归属到各个流派。

《书目答问》的问世，反映了近代目录学在新历史条件下的新变化。它提高了书目的社会作用和思想，扩展了收录书目类型，还在图书分类方面作出了新的尝试。该书成为了解中国传统学术典籍的入门书。

徐寿创办中国最早的科技期刊《格致汇编》

光绪元年（1875），中国近代化学的先驱者、中国第一艘轮船的主要制造者徐寿与英国人伟烈亚力和傅兰雅等在上海开办中国第一所以培养科学技术人才和翻译出版西书为宗旨的学校——格致书院，并创办中国最早的科技期刊《格致汇编》。

《格致汇编》最初为月刊，后改为季刊。从创刊到停办历时16年，实际出版7年，介绍和传播了不少西方近代科技知识。徐寿不仅热心办刊，还积极撰写文章，如《医学论》、《汽机命名说》和《考证律吕说》等。

格致书院则从创办到最后停办的近40年中，不但培育了一些科技人才，传播了近代科技知识，而且为中国兴办近代科学教育起到了很好的示范作用。

民间剪纸兴盛

随着历史积累流传下来的民俗活动逐渐增多，人民生活逐渐安定，清代民间剪纸艺术与其他民间艺术一样得到了发展。按用途粗分，剪纸的种类就达10种，如窗花、刺绣画样、喜花、礼品花、灯笼花、墙花、扇花、挂钱、功德花纸、影戏人等。其中喜花、礼品花、灯笼花、挂钱、功德花纸等包含着浓厚的民俗意义；窗花、墙花、扇花用来装饰居室或用具。

　　清代民间刺绣比较普遍，影响所及使刺绣花样发展增多。如同治十三年（1874）刊印的《吉金斋绣谱》，是当时女艺人郭梦针手刻的刺绣花样粉本，共有图20幅，有"拭牛"、"饮马"、"浴儿"、"宿后"、"读书"、"鸣鹅"、"花卉"等题材内容。又如木刻《刺绣花样范本》，收集了瓶口（钱袋）、烟袋荷包、扇套、眼镜盒以及鞋、帽、兜肚、衣襟、腰巾等物件上的各种画样，内容丰富，有"西厢记"、"苏武牧羊"、"张敞画眉"、"教子成名"、"百子图"和山水、花卉、虫鸟等等。此外还有手绘彩色的《绣花谱》，绘有渔樵耕读、四季美人等花样图案。除了这些绣谱之外，清代还有专门剪刺绣花样的行业。

　　窗花的图案也丰富多样，但大多数实物散落民间，有待收集。今见于书籍者，仅有《松筠剪纸人物图册》（光绪十八年），收录一些窗花稿样，多为吉祥人物，如"四妃十六子"、"八仙人物"、"排云谱"等，都优美可观。

　　"挂钱"又名"门彩"，是人们在新年时贴在门楣或佛龛前以祈平安幸福的剪纸，一般以红纸或五色纸雕镂而成。清代北京的挂钱花样尤多，大小、用途也不同。据富察敦崇《燕京岁时记》记载，长逾一尺的大挂钱，常挂在门前与桃符相辉映；挂钱上剪有八仙人物的，则用来挂在佛龛前面；还有小挂钱是一般商业店铺所用。"礼品花"是为祝寿、生子、中取、升官、迁居、开市等赠送贺礼时所用，一般剪有"一路福星"、"寿天百禄"、"当朝一品"等字样，也有绘画剪纸花样。嘉庆年间，有一进士梁章钜见"礼品花"转瞬毁于童婢之手，于是"杂取吉祥善事，剪作花样十六"分赠各家，希望能代替剪字图案。

　　此外，清代还有一些艺人把书法绘画与剪纸结合起来，只凭一把剪刀，就能作出"骨法用笔"俱佳的作品来。乾隆年间，有一艺人江舟，善书画，尤工剪贴，能以剪纸摹仿古人书画真迹，剪成着色后几乎可乱真。其作品有《醉翁亭记》《前赤壁赋》《天马赋》以及《枯木寒鸦》《兰竹》《九狮》等，而且还总结自己的剪贴方法与经验，著有《兰圃碎金录》，可惜都未流传下来。道光年间又有一位善剪书画的奇人包钧，全椒知县陈文述有诗称赞其奇技云："剪画聪明胜剪花，飞翔花鸟泳萍鱼"，可见其剪纸技法之高明。

清代山西孝义的剪纸《轿车》。

晚清陕西周至的剪纸《武旦》。

建立海防体系

19世纪后半叶，清政府积极组建自己的近代海军舰队，装备了包括大型铁甲舰、巡洋舰在内的近代战舰；并十分注重对舰队进行组织、制度方面的建设，加强战术训练，海战艺术取得明显进步，作战实力大为增强。他们从英国及其他西方国家引进海战阵法理论。

19世纪70年代，由江南机器制造局组织翻译的、英国贾密伦所著的《轮船阵法》成了南北洋海军操练的理论依据。1884年，天津水师学堂在此基础上，结合中国海军的具体实践，编写了《船阵图说》，集中论述了近代海战的118种阵形及其转换方法，详尽而明晰，方便实用，为海军官兵提供了统一的教范和条令，将晚清海军战术的主要内容制度化。它包括以小队阵法为起点，涉及整个舰队和舰艇编队的阵法。通过操练，晚清海军基本上掌握了这些阵法。为了使海军官兵学会舰炮、鱼雷等舰载武器的使用知识，江南机器制造局还翻译了《水师操练》。舰队战术训练增强了近海防御作战中的能力，使海军成为海防体系中至关重要的生力军。

在加强舰队建设的同时，清军还把海防要塞建设纳入重要的日程。为了克服鸦片战争以前要塞建设陈腐落后的弊端，19世纪60年代以后，开始对西方国家的海防要塞工程技术进行积极的引进，翻译、介绍了许多有关论著，包括《防海新论》、《营城揭要》、《船坞论略》、《营垒图说》、《营工要鉴》

广东虎门炮台大炮

等等。还派员对西方一些国家的海防体系进行实地考察和研究。在此基础上，对东南沿海防御设施进行建设和改造。19世纪70年代中期以后，海口要塞建设进入高潮。到甲午战争前，共建设新的要塞式海口炮台群170多个，分布在由北至南的5大区域，包括渤海湾沿岸，长江口及长江沿岸，闽浙沿海，台湾地区，广东沿海及珠江沿岸。选址力求扼守险要，布局讲究整体观念，力求各炮台火力交叉，相互策应，互为依恃，共同构成一个火力体系。外形和内部结构明显改善，外表的隐蔽性大为增加，内部结构相当复杂，有些甚至设有上下双层隧道。

更值得注意的是，要塞防御体系的建设往往是与海军建设结合在一起的，它同时担负着舰队基地的重要使命，从而构成一个完整的海防体系。

铁路进入中国

十九世纪后半期，铁路作为近代文明的一种标志，伴随帝国主义列强侵略的步步加深而进入中国。铁路出现给中国带来了屈辱和痛苦。

中国最早出现铁路是光绪三年（1876）。上海英商未经清政府同意，在上海和吴淞口之间修筑了一条淞沪铁路，该铁路长只有5英里，行车时速24公里。清政府认为洋商擅自修建铁路容易滋民扰事，一些地方官吏把铁路看成是破坏祖宗成法的怪物，竭力反对和排斥，最后不惜花费28.5万两银子，连同车辆一并购回后拆毁。实际上在此以前，英商曾在北京宣武门外建筑一条500米长的小铁路，但只能供人玩赏。

随着洋务运动的深入发展，洋务派认为自强之路在于急造铁路。1880年前直隶总督刘铭传奏请朝廷"师西人之长技建造铁路"。1881年，李鸿章为开滦煤矿运煤需要，经清政府同意，在唐山和胥各庄之间修建一条铁路，并造了一辆机车头。由于运煤的迫切需要，这条铁路保存下来了。这条铁路标志着中国铁路运输业的真正起步。中国铁路自唐胥铁路诞生为起点，以后逐渐向两端扩建延伸，成为通往东北区的干线——京沈线。

中法战争爆发后，刘铭传认为台湾孤悬海外，难以设防。为了海防和商务需要，他在台北招商兴建铁路，除利用原吴淞铁路弃置的器材外，所有铁轨、车头均购自外国，1891 年通车到基隆，1893 年通到新竹，全长 193 公里，这是我国台湾省最早的 1067 毫米轨距的铁路。1894 年甲午中日战争后，帝国主义列强开始对中国铁路建筑权、借款权、合办权进行疯狂争夺。俄国于 1898 年强行在中国建筑自满洲里至绥芬河的中东铁路和自哈尔滨至大连的南满铁路，这两条铁路按俄国铁路标准修筑，采用 1524 毫米宽轨距。这是中国东北地区最早的铁路。

此外，日本修建了安东至沈阳和沈阳至新民屯的窄轨铁路；德国兴建了胶济铁路；法国建造了滇越铁路。英、法、比、德、美各国还分别通过贷款完成了京奉、粤汉、津浦、道清、苏杭甬、正太、汴洛等路线。由于帝国主义建筑铁路标准不同，且路网分布不合理，因此为维护修路主权和统一工程标准，中国人民掀起保路运动，各地先后集资修建了新宁、漳厦、苏路、南浔及粤汉铁路在粤、湘两省境内的部分区段。

在自办铁路的高潮中，出现了中国铁路事业的先驱、杰出的爱国工程师詹天佑。詹天佑从 1905 至 1909 年主持了我国第一条自行勘测、设计和施工的铁路——京张铁路的兴建。京张铁路是连结华北和西北必经的交通要道，具有重大的经济、政治和军事意义。从此中国铁路建设进入新的历史发展阶段。

矗立在京张铁路八达岭站的詹天佑像。

京张铁路通车典礼。

左宗棠创办兰州机器织呢局

光绪四年（1878），左宗棠任陕甘总督时筹设兰州机器织呢局，这是清政府最早经营的机器毛纺织厂。

当年七月，织呢局在兰州成立，总兵赖长主持局务，并拨官银20万两，向德国泰来洋行订购德国成套机器设备400箱，同时聘请德国技师。织呢局于光绪六年（1880）八月开工，有厂房230余间，占地20余亩，雇用德国工匠13名。工厂颇具规模，实权操在德国人手中。因所购机器性能与当地原料不合，以致产品质量差，成本高，销路不畅。光绪九年（1883），因锅炉破裂停工。后改为洋炮局。

光绪三十四年（1908），清政府聘用比利时人为工程师，改称兰州织呢厂，但经营仍无起色，遂于宣统二年（1910）改为招商经营，民国初年关厂停业。

1880年左宗棠在兰州创办的机器织呢厂

刘熙载著《艺概》

清代文学理论批评家刘熙载在晚年著成诗文评论著作《艺概》。刘熙载（1813～1881），字伯简，号融斋，江苏兴化人。道光二十四年（1844）中进士，曾任广东提学使，在经学、音韵学、算学等方面研究深入，旁及文艺。

《艺概》是刘熙载平时论文谈艺的集大成，在晚年时汇编成书。全书共分6卷，包括《文概》、《诗概》、《赋概》、《词曲概》、《书概》、《经义概》，分别论述文、诗、赋、词、书法、八股文等的体制流变、性质特征、表现技巧和评论重要作家作品。刘熙载在《艺概》中，强调作品的整体性，论所谓"词眼"、"诗眼"，提出"通体之眼"、"全篇之眼"；对不同风格、不同旨趣的作家作品，其长处与不足都如实指出，有精辟独到的见解。他还重视反映现实、作用于现实的文学作品，把作品的价值同作家的品格相联，强调"诗品出于人品"；论词不囿于传统见解，提出自己的独到观点。他用作品词句来概括作家风格特点的评论方式对后世有一定影响。

刘熙载的《艺概》在近代文学理论批评方面有极大的参考价值。

开平矿物局成立

光绪四年（1878）六月，开平矿务局在直隶（今河北）唐山开平镇成立，这是清末官督商办的大型新式采煤企业。

光绪二年九月，李鸿章派轮船招商局总办唐廷枢到唐山开平一带勘测，发现此地蕴藏有丰富矿产，而且质地优良，就在第二年八月派唐廷枢筹办矿务局，并拟定《直隶开平矿物局章程》，招商集股。

矿物局成立后，光绪四年（1878）开工凿井，用机器采掘；光绪七年（1881）全面投产，雇工3000人，当年产煤3600余吨；到光绪二十四年（1898）增加到73万吨。该局不断扩充设备，改善运输条件，光绪十二年成立了开平铁

开平矿物局矿井

路公司，后来还购买了一艘运煤船。该局产煤主要供应轮船招商局和天津机器局，也大量销售市场，获利甚厚。到 19 世纪末，总资产已近 600 万两白银，是洋务派所办采矿业中成效最为显著的。

光绪十八年（1892）唐廷枢死后，由江苏候补道张翼接任总办。因盲目扩建，耗资过巨，大借外债，致使外国垄断势力渗入。

光绪二十六年（1900），张翼将矿物局实行中英合办，改名开平矿务有限公司，在英国注册，矿权逐渐被英国霸占。

圣约翰大学创立

光绪五年（1879），圣约翰大学的前身圣约翰书院开办。

外国教会势力侵入中国后，除了宣传宗教以外，还先后在中国建立了许多各个层次的教会学校，圣约翰是其中很著名的一所。光绪五年（1879），美国基督教圣公会传教士施若瑟将雅各、广恩这两所教会学堂合并，在上海创办圣约翰书院。这所美国基督教会主办的学校，自诩以训练中国的"未来领袖和司令官"为任务。光绪十四年（1888），美国传教士卜舫济出任院长，采取全盘欧化的办法，对学生进行外语训练，并开始注重自然科学教育。圣

103

上海圣约翰大学

约翰书院于光绪十六年（1890）起设置大学课程，并于光绪三十一年（1905）正式改为大学。圣约翰大学于光绪三十二年分设文、理、医、神等学院。

作为一所教会学校，圣约翰大学的设立，既对中西文化的交流作出了贡献，同时也促进了基督教的传播。

河北梆子兴盛

清中叶，山陕梆子流入河北，经数十年音随地改的衍变，于道光年间形成河北梆子，并于 19 世纪 70 年代到 20 世纪 20 年代末达到兴盛，出现了不少重要的班社和著名的演员。

河北梆子在北京兴盛以后，与锐气正盛的京剧争雄一时。光绪中叶，与二簧同班演出（叫"两下锅"），一度开梆簧合作演出之风。这时，河北梆子除盛行河北、天津、北京、上海、山东和东北三省的大部分城乡外，河北梆子班社也经常到苏州、扬州、武汉、开封等地演出。

河北梆子唱词及念白的发音，早期杂有山陕语言，自 20 世纪初杨韵谱成立奎德社开始，逐渐改以北京语言为基础，念白与京剧近似，但不念"上口字"。脚色行当分类及其表演程式，大体与京剧相同。

女帔（清乾隆）

周仓靠（清同治）

排穗坎肩（清乾隆）

罗帔（清）

中国兴办电信事业成立电报总局

光绪六年（1880）八月，北洋通商大臣李鸿章奏请筹设津沪电报线，在天津成立官办的津沪电报总局，委派盛宣怀为总办。光绪七年（1881）十一月津沪线完工前，正式命名为中国电报总局。

早在1869年，丹挪英电报公司、丹俄电报公司和挪英电报公司联合组成大北电报公司（总部设在丹麦首都哥本哈根）。次年，该公司为将电报线路从日本展设到中国海岸，成立大北中国电报公司，开始在香港、上海之间以及上海、长崎之间敷设海底电缆，并擅自将电缆接通至上海租界。1871年，英国大东电报公司从印度敷设海底电缆至香港。1877年，清政府开始自办有线电报。

津沪电线通报后，从光绪八年三月起，中国电报总局改为官督商办，招股集资，以充经费。十二月，李鸿章设苏浙闽粤电线；第二年，两江总督左宗棠奏设江宁至汉口的长江电线，都由中国电报总局办理，于光绪十年建成。同时扩大招股，又将总局由天津移到上海，一方面与外商公司交涉折冲电报利权事宜，另一方面统筹各路电线的架设，陆续建成干线多条。

光绪二十年（1894）开始，盈利显著增加。光绪二十八年，北洋大臣袁世凯奏准电报收归官办，自兼总办，引起商股的反对。光绪三十三年，改中国电报总局为上海电政局。光绪三十四年，邮传部收赎了商股。宣统三年（1911），上海电政局移至北京，为电政总局。

电报总局的设立，使中国新式通讯业得以产生，从而改变了延续数千年的驿站通讯方式。

维新思想兴起

在太平天国革命风暴后的相对稳定时期，从旧的封建士大夫群中分化出一批主张改良变法的早期维新思想家。他们大多感到封建文化的落后与"无实"、"无用"，要求向西方学习先进的资产阶级文化，这批初步具有资产阶级思想倾向的知识分子，反映了中国早期资产阶级的某些利益和愿望。他们上承龚自珍、魏源、林则徐，下启戊戌时期变法维新思潮，代表维新思想的兴起。

19 世纪 70 至 80 年代，是早期维新思想的发生时期，其主要代表人物有冯桂芬、薛福成、马建忠等。

冯桂芬（1809~1874），字林一，号景亭，江苏苏州人。他的著作《校邠庐抗议》，就发挥了他的维新思想。他提出"以中国文伦常名教为原本，辅以诸国富强之术"的观点，把"中学"和"西学"看作是主和辅的关系，认为应该向西方学习，改革我国某些制度。

薛福成（1838~1894），字叔耘，号庸盦，江苏无锡人。其著作为《庸盦全集》。他仍持"以西人器数之学以卫吾尧舜文武周孔之道"的"变器卫道"的观点，又主张"使古今中西之学合而为一"，赋予"西学"以很高地位。这显示出他们在遵循圣人之道和学习西方之间的矛盾心态，这正是中国早期资产阶级矛盾性格的反映。薛福成提出"工商立国"说，他更深刻地在《变法论》中提出"变"的理论根据，否认有所谓永恒不变的天道，因而也无永恒不变的人间体制。这种理论虽还不彻底，但极富有时代意义，丰富了早期维新学派的思想理论。后来戊戌维新思想家们就将此"变"论推到了新的高度。

马建忠（1849~1900），字眉叔，江苏丹徒人。他著有《适可斋纪言纪行》与《马氏文通》。他是我国近代早期新学派中宣传西方重商主义理论的杰出代表。他提出了"国强基于国富，国富唯赖行商"（《适可斋纪行·南纪行》）的观点，强调国富有赖于通商和争取有利的对外贸易，他的理论代表新出现的资产阶级的利益，要求政府保护资本主义企业与关税，是资产阶级要求自由放任的观点。

19 世纪 80 至 90 年代是早期维新思想发展时期，代表人物有郑观应、何启等。

郑观应（1842~1922），字正翔，号陶斋，广东香山人，其著作有《盛世危言》、《盛世危言后编》与《罗浮待鹤仙人诗草》等。他具有进步的社会政治观点，指出西方国家的"体"、"用"即其议会制度、科技成就与物质文明。因此他主张学习西方国家的"富强之本"，而且他特别重视资本主义国家的议会制度。由此，他的"西学"观点与变法图强、抗御外国侵略紧密联系起来。他还公开代表资产阶级直接要求封建王朝开放一部分政权，但仍寄希望于封建王朝自下而上地改良。他提出的"人尽其才"、"地尽其利"、"货畅其流"的一个比较全面发展资本主义的经济纲领口号，后被孙中山先生所接受。

何启（1858~1914），字迪之，号沃生，广东南海人。他曾与胡礼垣合作发表许多政论文章，汇集为《新政真诠》。他除提倡自由发展资本主义工商业之外，竭力宣传西方资产阶级民主政治的理论，提出国家长治久安的根本之策在于选举、设议院，全面变法改革。他的"民权"说，虽指新兴资产阶级，却强调国家强弱与当政者能否得到广大人民的信任有关，这多少含有近代民主思想的内涵。

这两批早期维新派，多半脱胎于洋务官僚，且政治和经济地位都十分软弱，都是改良主义者，并不想推翻现有的封建政权。但他们与清廷反动顽固派有本质的不同，他们提倡西学是为了求国家的富强，以抵御西方列强的侵略。

新式农业出现

鸦片战争以前，资本主义萌芽就已经在中国农村星星点点地出现，主要表现为个别地主、富农在农业生产中采用了雇工经营方式，与资本主义大农场相去甚远。19 世纪末，随着中国农村传统自然经济的分解，农产品商品化日益提高，农村经济生活由自然经济向商品经济的演变不断的扩大和加深，资本主义生产关系在农业中出现并且不断渗透和延伸，掀开了中国农业发展史上崭新而重要的一页。其标志是新式农业出现，它在效法和引进西方资本主义国家农业生产经营方式和先进技术方面取得了一定成效。

　　1896年，早期资产阶级改良派陈炽（字次亮，？～1899）就在他的代表作《续富国策》一书中，具体介绍了英、法等国的农业生产情况，认为"中国于此诚宜兼收并采，择善而从"，提出改变中国传统的农业生产方式，转而采用西方农业经营方式和生产技术的主张。而且在他之前，在天津还曾有过使用农业机械和筹组新式农垦企业的尝试，"概从西法，以机器从事，行见翻犁锄禾，事半功倍"（《益闻录》1880.9.11）。但因当时还缺乏必要的社会历史条件，这些主张和尝试并未能引起广泛的注意和积极响应，且很快归于沉寂。20世纪初，中国社会经济、政治发生了一些显著变化，如中国民族工业的发展，抵制美货、收回利权等爱国运动的兴起和华侨投资国内企业的潮流，以及清朝政府"新政"的推行等等，在主、客观上为新式农垦企业的兴起提供了很多有利条件。于是，效法和引进西方资本主义国家农业生产经营方式和先进技术的设想开始真正付诸实践，各地新式农垦企业得以创办，一批采取集股商办形式开办的农牧垦殖企业相继设立。

　　目前所知的中国第一家新式农垦企业，是1901年由张謇（1853～1926）

内蒙古长济渠，黄河后套引黄灌渠，开凿于1857年。

在江苏省南通创办的通海垦牧公司。到 1912 年为止，全国就已有 171 家新式农垦农业，总共 6351672 元资本额。这些新式农垦农业直接仿效西方企业，农场的生产规模和资本主义经济成分，已非早先那些经营地主、富农所能相比，有利于采用和传播先进的农业生产技术。它们的出现，使中国农村中的资本主义生产关系被推进一大步。

第一批 171 家新式农垦企业的开办者，主要是一些民族资本家、华侨和商人，也有为数不少的官僚、绅士。其中民族资本家开办农垦企业是将资本主义经营范围不断扩展的一种尝试，希望以此保障工业原料供给，扩大生产规模，反抗外国资本主义的压迫。如张謇创办的通海垦牧公司，"广植棉产，以厚纱厂自助之力"（《张季子九录·实业录》卷 4）。广大爱国华侨、商人则是企图通过开办农垦企业，抗衡外国农副产品倾销，为拯救祖国、挽救民族危机尽力。另外，清政府也设立了路矿农务工艺公司等机构，准许放垦官荒，刺激一批封建官绅投资兴办新式农垦企业。所有这些新式农垦企业，经营范围多以农牧为主，地区分布也不均，主要分布在民族工业较发达的江苏、华侨较集中的华南地区以及新近垦殖的东北地区。

新式农业的兴起从一个侧面反映了清末中国农村经济的深刻演变，也反映出 20 世纪初资本主义经济关系和生产方式已从工商业向农业领域渗透和延伸。

清朝

1881A.D. 清光绪七年

曾纪泽与俄签订《伊犁条约》。

1882A.D. 清光绪八年

八月，命唐炯率兵出驻越北并联络刘永福以抗法。李善兰、陈澧去世。

1883A.D. 清光绪九年

法军与华军正式接战。

1884A.D. 清光绪十年

闰五月，法军至观音桥迫华军撤退，开炮轰击，华兵大创之，法因诬中国违约，提出苛刻要求。六月，法犯台湾，一度据基隆炮台。七月，法舰启衅于马江，毁我舰艇甚多，旋逃出闽江。向法宣战。新疆正式设省，以刘锦棠为巡抚。

1885A.D. 清光绪十一年

法军占镇南关，前锋至关内。二月，冯子材等大胜于关前隘，法军狼狈溃走。四月，《中法越南条约》签字。

1889A.D. 清光绪十五年

二月，慈禧太后归政。

1890A.D. 清光绪十六年

是岁，张之洞创立汉阳制铁局，后称汉阳铁厂，又设汉阳枪炮厂，后称汉阳兵工厂。

1882A.D.

巴枯宁作《上帝与国家》。尼采发表作品。

1883A.D.

普列汉诺夫在日内瓦组织俄国"劳动解放社"，此为俄国第一个马克思主义团体。9月3日，名作家屠格涅夫去世（1818年生）。马克思去世。

1885A.D.

著名作家维克多·雨果去世（1802年生），丧礼甚盛。

1886A.D.

罗丹作雕塑。

1887A.D.

柯南道尔发表福尔摩斯探案第一篇。

1888A.D.

英国枢密会议支持维多利亚省之排华法案，自此各省皆先后效尤。"白澳"政策逐渐形成。

1889A.D.

国际劳动大会举行于法国巴黎，决议组织第二国际。

梵高作画。

《中俄伊犁条约》签订

光绪七年（1881），中俄签订《伊犁条约》。

光绪五年（1879）八月崇厚与俄国擅订的《里瓦几亚条约》，因遭到朝野反对，清廷未予批准。光绪六年正月初三日，清廷改派曾纪泽出使俄国，取代崇厚继续与俄谈判，交涉改约。同时，清廷于初十日照会沙俄政府，表示不承认《里瓦几亚条约》。不久曾纪泽抵达俄首都彼得堡，双方开始谈判。经过半年多的反复交涉，光绪七年（1881）正月二十六日，曾纪泽与俄国代理外交大臣吉尔斯在彼得堡签订了《中俄伊犁条约》，又称《圣彼得堡条约》和《改订陆路通商章程》。根据该条约，中国收回伊犁，取消了前约中割让特克斯河流域条款，但仍割弃了霍尔果斯河以西及北疆斋桑湖以东地区；在商务方面，将前约中的"概不纳税"改为"暂不纳税"（指俄商在天山南北两路各城的贸易），俄货由陆路至嘉峪关则减税三分之一；在嘉峪关、吐鲁番两处增设俄领事馆；清对俄赔款由原先的 500 万卢布增加到 900 万卢布。

列强将其在华租界变成了"国中国"，他们在租界地内享有独立的行政、司法权力。图为上海租界内的会审公廨。

四月十八日，清廷批准了此约，并于次年二月初四与俄方正式办理了收交伊犁手续。此后，俄国利用《伊犁条约》中关于"勘界"的条款，以及光绪八年至十年（1882－1884）的5个边界议定书，共割占了中国7万多平方公里的土地。

中国自建唐胥铁路

光绪七年（1881）五月，唐胥铁路正式通车，这是中国自己筹建的第一条铁路。

清政府拆毁淞沪铁路之后，自筑铁路的议论却日渐热烈起来。经过长期不休的争论，清政府终于网开一面，准许在开平煤矿修筑自唐山至胥各庄铁路，专事运输开平煤矿的煤炭。唐胥铁路全长约15公里，单轨铺设，轨距为146公分，以后此轨距便成为中国铁路的标准。起初用骡马拖载列车厢，人称马车铁道。后来，负责筑路工程的技师金达利用旧锅炉制成小型火车机车，开始使用机车曳引。光绪十一年（1885）以后，唐胥铁路不断伸展，向东延

清政府修建的唐胥铁路通车仪式

伸至山海关，向西延伸至天津和北京。

中国拥有正式的铁路，应当以此为始。此后，修筑铁路的风气开始在中国盛行。

朝鲜"壬午兵变"·中日冲突加剧

明治维新后，日本把侵略朝鲜视为基本外交政策。朝鲜传统上奉清朝为宗主国，围绕朝鲜问题中日两国遂经常发生冲突。朝鲜内部则分裂成两派：以大院君李昰应为首的亲中派；以王妃闵氏为首的亲日派。日本利用闵氏扩大在朝势力和影响，激化朝日矛盾，引起民众强烈不满。

光绪八年（1882）六月，朝鲜军人在汉城发动"壬午兵变"，掀起排日运动。李昰应乘机夺取政权，闵氏集团进行报复。朝鲜动乱引起清政府的不安，担心日本藉机入朝鲜。于是派丁汝昌率兵入朝鲜干预，拘送李昰应至天津。但是清政府此举未能避免日本的干涉。

兵变以后，日本借口在这次事变中遭受损失，派兵入朝鲜。次月十七日，威迫朝鲜政府签订《仁川条约》，朝鲜赔款55万元，允许日本在朝鲜驻兵。日本的侵略地位在朝鲜获得进一步加强，而由此引起了中日之间更加严重的冲突。

日军在仁川登陆

广州沙面示威

光绪九年（1883）七月十一日，英国籍海关职员罗根在经过广州街头时，因小事与行人发生冲突。罗根仗势欺人，竟无故棒击中国平民百姓，在遭到反抗后，罗根又恼羞成怒，拔出手枪打死中国儿童一名，打伤两名路人。同年八月十日，蛮横的葡萄牙人狄亚士在英国轮船"汉口号"上又无端将一名中国工人推挤落水，使之溺亡。在短短的一个月之内，广州接连发生两起由洋人妄杀无辜而引起的人命案，激起了广州市民的极大愤慨。八月十日当天，狂怒的粤民聚众冲入沙面租界进行示威，并焚烧和捣毁了洋商人的一些商店和房屋。广州沙面示威是一次群众自发组织的行动，它狠狠打击了洋人们的嚣张气焰，大长了中华民族的志气。

舞狮舞龙遍及全国

"龙舞"，是中华民族历史中最为悠久、最具代表性的民间舞蹈种类之一。不仅在汉族，在许多少数民族中也极盛行。清代"龙舞"的样式很多，在制作工艺和舞蹈表演方面，已发展到了相当高的水平。其表演遍及全国，逢年过节以及喜庆时都少不了舞龙，舞龙成为中国生活方式的一个组成部分。

清代的"龙舞"以"龙灯"的形式表演为多。这种"龙灯舞"表演起来，忽而像飞龙冲天腾跃而起，忽而如飞瀑直下伏地盘旋，鼓声隆隆犹雷鸣，光曳珠耀似闪电，气势磅礴，震憾人心。

"灯舞"又称"舞灯"，是历史悠久的汉族传统民间舞蹈。乾隆时人赵翼《檐曝杂记》卷一"烟火"条，记载了清宫主办的一次盛大"灯舞"活动："上元夕，西厂舞灯、放烟火最盛……楼前舞灯者三千列队焉，口唱《太平歌》，各执彩灯，循环进上，各依其缀兆，一转则三千人排成一'太'字，再转成'平'字，以次作'万'字、'岁'字，又依次合成'太平万岁'字，所谓'太平万岁字当中'也。舞罢，则烟火大发，其声如雷霆，火光烛半空，但见千万红鱼奋迅跳跃于云海内，极天下之奇观矣"！

"狮舞"，也叫"耍狮子"，是历史悠久的汉族代表性民间舞之一，在清代已经完全形成，清人的记载已与流传至今的《狮子舞》极为相似了。披毛制狮皮，用绣球引狮、逗狮的舞法，至今仍广泛流传于广大民间。光绪年间的《京都风俗志》"太少狮，以一人举狮头在前，一人在后为狮尾，上遮宽布，彩色绒线，如狮背皮毛状，二人套彩裤作狮腿，前直立，后伛偻，舞动如生，有滚球、戏水等名目"。在广泛流传中各地群众创造了多种多样的《狮子舞》：有威武矫健、穿插着许多翻滚跌扑技巧表演的"武狮"；诙谐风趣逗人喜爱的"文狮"；用板凳装饰成狮形耍舞的"板凳狮"，舞时狮口喷火的"火狮"等等。

舞龙活动在民间一直延续至今，图为湖南南岳地区百姓舞龙的场面。

116

上海电光公司设立

　　光绪八年（1882），外商集资白银 10 余万两在上海公共租界建成中国最早的电力企业——上海电光公司。1888 年，该公司改组为新申电气公司。1893 年由租界工部局购买，改为电气处。1907 年安装汽轮发动机。分别建有斐伦路（今九龙路）电厂和杨树浦电厂，装机容量为 12 万余千瓦。1929 年 3 月被美国摩根财团属下的美国电气债券股份有限公司出资 8100 万两白银收买，成为该公司子公司，名上海电力公司。除日本占据租界时期外，其总裁始终为美国人贺清担任。

左宗棠 1866 年开始创办的福州船政局，是当时国内最大的造船企业。

南洋海军建成

光绪十年（1884），南洋海军初具规模。

江浙海军在南洋大臣的管辖范围内，其战略意义较福建、广东海军相对重要，故习惯上称之为南洋海军。它控制着以吴淞口为中心的江苏、浙江沿海的广阔海域并把持着长江河防的入口。

1865年署理两江总督李鸿章建议并创设了江南机器制造局，在制造近代枪炮的同时，兼造近代船舰。到1875年，清政府开始创建全国海军时，它已制造了"惠吉"、"测海"、"海安"、"威靖"和"驭远"五艘战舰。加上从福州船政总局借调的"元凯"和"登瀛洲"2舰，江浙海军实际上已拥有7艘战舰。这个起点在当时已经相当高了。

光绪年间为防御法军而建的凭祥金鸡山炮台。

由于南洋大臣沈葆桢对海防的重视，为江浙海军的发展带来了契机。为了加强长江的防御力量，1879年沈葆桢又从福州船政局调拨了"靖远"、"威武"两舰，加上江南机器制造局的陆续建造，江浙海军舰队的力量逐渐加强。沈葆桢奏准设立了"外海兵轮船统领"（后称"南洋兵轮船总统"），由江南水师提督李朝斌和长江水师提督李成谋兼任，负责江浙沿海和长江口的防御任务。

1881年后，清政府又将从英国订造的"龙骧"、"虎威"、"飞霆"和"策电"4艘小炮艇划归江浙海军。福州船政局制造的"澄庆"、"开济"和"横海"等舰，及1883年从德国购买的两艘巡洋舰也加入江浙海军，开始服役。这样，在中法战争时，江浙海军共拥有17艘各种舰船，是当时中国海军中一支实力很强的舰队。

中法战争以后，对海军建设既不懂行又不热心的曾国荃、刘坤一等先后担任两江总督兼南洋大臣。清政府发展海军的注意力集中于北洋，江浙海军停滞不前。原有舰船先后有四艘退出现役，到甲午战争前仅调入两艘巡洋舰。从德国订购的4艘鱼雷艇直到甲午战后才投入现役。因此，相比之下，南洋海军远远落后于起步较晚的北洋海军。

中法战争爆发

光绪九年（1883），中法战争爆发。

光绪九年（1883）七月，法军攻占顺化，以武力胁迫越南订立《法越新订和约》，欲控制越南内政外交，变越南为法国保护国。在该条约签订前后，清廷驻越南边境刘永福将军所部黑旗军历经纸桥之战、怀德之战、丹凤之战等，屡败法军。十一月十三日，法军将领孤拔率兵6000人进犯越南山西，黑旗军与清云南防军约5000人应战，血战3日后刘永福率部退守兴化，山西失陷。此后，中法一度进行和谈，并于光绪十年四月签订中法《会议简明条款》：清政府承认法国与越南订立的条约，法国不索赔款，中国同意在中越边境开埠通商，中国自北越撤兵，调回本方边界。同年七月，法海军突袭驻防马尾的清福建水师，这是法军直接对中国本土发动的战争。福建水师仓促应战，伤亡惨重，几近覆灭。清廷下诏对法宣战。八月二十日，法舰又攻击沪尾（今台湾淡水），清军守将孙开华在台湾人民的积极支援下重创法军，取得沪尾大捷。但是，此时陆路战场于清军形势十分不利，东线连连败退，不久谅山、镇南关失陷，至使西线吃紧。光绪十一年二月九日，70岁老将冯子材率军出击，毙敌千余人，法军全线溃败，清军取得威震中外的镇南关大捷，法国政府茹费理内阁由此被倒阁。而清政府却乘胜求和，命前线清军限期撤回境内。同月，清廷与法国签订《中法停战协定》。四月，又订《中法会订越南条约十款》。

　　中法战争至此结束，中国打了胜仗竟屈辱求和，不败而败；法国在战场上未得到的东西却在谈判桌上得到了，不胜而胜。从此中国西南门户洞开，外国势力可由此入侵。

刘永福像

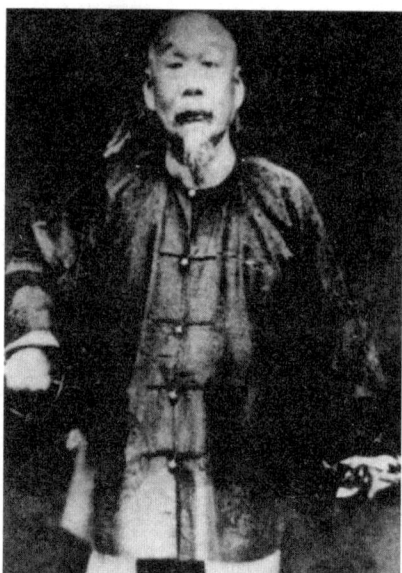

冯子材像

中法战争马尾海战烈士公墓

中法战争中，黑旗军、云南军共同抵御法国军队。

《点石斋画报》开石印画报先声

光绪十年（1884）五月，《点石斋画报》创刊发行，刊行者为点石斋印书局主人美查。画报版芯长8寸，宽4寸8分半；10天出1册，月出3册；每册8页图，12册一辑；封面用彩色本纸，图画为连史纸石印，随《申报》附送，也单独零售发行。它是中国近代最早刊行的石印画报。

该画报的作画人员主要有吴友如、金蟾香、张志瀛、田子琳、何元琳、符艮心等。他们大多视野开阔，艺术触角敏感，所绘内容芜杂，涉及到当时社会的各个方面与角落。既有不少荒诞不经的社会新闻，展示上海各阶层的"生活相"和"异闻琐事"，如《老鸨虐妓》《流氓拆梢》等；又有许多极有价值的时事新闻，如《法犯马江》《基隆再捷》等，反映当时外国资本主义侵华以及半殖民地社会中人民的苦难与斗争。此外还有揭露封建统治的腐朽与黑暗的作品以及通俗故事演义等。

艺术手法上，他们继承了中国传统木刻版画艺术的表现方式，又汲取了民间艺术与西洋绘画的艺术手法，所作画面人物、景深无不真实生动，引人入胜。绘画构图因事件的不同而变化，没有一定的模式。人物描绘以现实为依据，表现刻画非常细致，人物发式、服装以及背景道具的细节无不遵照生活原型，反映了当时的风貌。这些艺术特点，不仅影响到当时其他画报的创作倾向，而且对后来的人物画、漫画、连环画与年画的创作都有极大的促进作用。

《点石斋画报》于光绪二十四年（1898）停刊，连续出版达14年之久，共有图画4000多幅。这些图画都是当时社会现实的见证，可称得上是一部用造型美术记录下来的"社会史"。对我们今天研究晚清的社会生活提供了极为宝贵的资料。

继《点石斋画报》之后，光绪十六年（1890），吴友如又创办了《飞影阁画报》，由鸿宝斋石印局印制，每月3册，每册10页图画，也用连史纸石印，经摺式装帧，题材转向"时装仕女"、"闺媛汇编"、"百兽图"、"风俗图"，其中尤以故事题材居多，由反映社会转向所谓纯艺术。后来另一位作者周权描绘当时社会的一些市井人物，如铁匠、木匠、泥水匠、车夫等，题为《太平欢乐》，比较贴近现实，有一定价值。

后来还出现了《新世界画报》《图画日报》《当日画报》等，内容都很丰富，但艺术性远逊于早期的两种石印画报。

赵之谦书画印俱佳

光绪十年（1884），清代著名书画家赵之谦去世。

赵之谦通晓经史百家，诗文、书法、绘画和篆刻，无所不精。他的书法，早年学颜体，后取法六朝碑刻。其楷书将北魏碑刻、墓志写得婉转圆通，自成一格，被称为"魏（魏碑）底颜（颜体）面"。他的篆书既受邓石如的影响，又掺以北魏书法的笔意，姿态摇曳。他还以北魏体势作行草书，古拙中蕴含秀逸。

赵之谦的画，人物、山水、花卉俱佳。早年笔致工丽，后受扬州八怪等的影响，纵笔泼墨，虽色彩浓艳，但风格清新。写实写意，均以书法技巧融汇于画，情致盎然，且酣畅淋漓。在一定程度上影响了后世画家任颐、吴昌硕等。

赵之谦的篆刻亦独树一帜。他的篆刻先摹浙派，后追皖派。他以汉镜文、瓦当文、钱币文、封泥、诏版等入印，在篆刻艺术上开"印外求印"之先。他的印章思路清新，取材广泛，或婀娜多姿，或端庄匀称。对于印章的边款，赵之谦亦有所举创，他的边跋，

节录史游急就篇（赵之谦）

风神独逸，气象万千。此外，他还创造了阳文款识。

　　赵之谦书法、绘画、篆刻均有成就，且多同时出现，相辅相成，别具新意。其著作有诗文集《悲庵居士诗賸》，篆刻《二金蝶堂印谱》等，并校刻《仰视千七百二十九鹤斋丛书》。

练习未尽（赵之谦）

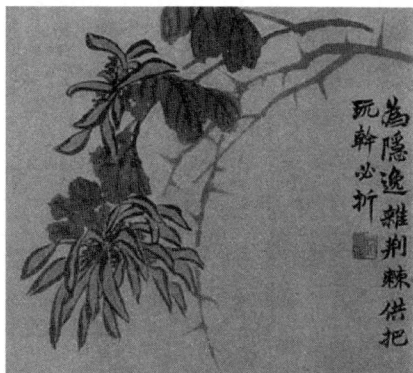

赵之谦的蔬果花卉图册（之一）

吴友如入《点石斋画报》

　　光绪十年（1884），吴友如应聘至点石斋印书局出任《点石斋画报》主笔。

　　吴嘉猷（？ ～ 1893），字友如，江苏吴县人。出身贫苦，自幼从邻室画师学画，常出入无锡、常熟的裱画铺，搜集观摩前人作品。明清版画、西洋绘画以及改琦、任颐的人物画都对他产生了影响，使他形成自己的绘画风格。后来到苏州桃花坞从事年画制作，主要作品有：《法人求和》《村读图》《割发代首》《除三害》《闹元宵》等，描绘人物，栩栩如生。

　　吴友如应聘至点石斋印书局后，适逢中法战争爆发，吴友如敏感地抓住一些时事创作了一系列新闻画，将新闻性与艺术性结合起来，歌颂抗击侵略的中国人民，讥讽法国侵略者。其作品人物比例适当，线条简洁，带有浓厚的木刻意味；画面布局紧凑，在透视与景深表现上受西洋绘画的影响。《点石斋画报》里其他一些作画人员受到他的影响，风格上与他很接近。

123

吴友如是中国近代史上最早一批将中国画技法与西洋技法相结合的画家之一，在人物画和社会生活画方面，为中国近代绘画发展作出了一定贡献。

自动火器的引进

清军完成了从冷热兵器并用向火器的过渡这一历史性跨越以后，开始引进以机枪和管退炮为代表的自动火器。我国的自动火器时代由此起步。

最初，清军引进的是联管轮回式机枪，美式加特林十管轮回枪被首先采用。光绪十年（1884），金陵机器局对此进行仿制并获得成功，被称为"十门连珠炮"，它每分钟可发射 300~350 发子弹，射程约 2000 米，口径 11 毫米。此时，英式诺登飞四管轮回枪也传入中国，并由金陵机器仿制成功，被称为"四门神速枪"。这一年，英籍美国人布兰姆·马克沁发明的自动火器——马克沁机关枪完成了实验并获得了专利。正在欧洲游历的北洋大臣李鸿章在伦敦观看了其试射表演，对这种自动火器每分钟 600 发的射速大为吃惊。中国在 4 年后仿制成功，这标志着我国对近代自动火器技术的掌握开始成熟。

光绪三十四年（1908），广州机器局率先仿制成功本世纪初传入我国的丹麦麦德森机关枪。这是一种口径仅 8 毫米，枪身小，重量轻，带有枪托的机关枪，标志着中国自动火器技术的又一次巨大进步。

火炮的引进也紧张地进行。

光绪三十二年（1906），江南机器局仿制成功克虏伯式管退炮。其口径75 毫米，炮身长 1.05 米，采用弹簧式制退复进机，可由 4 匹马驮载或 1 匹马拖行。由于它发射方便，射速快，清政府立即下令江南制造局批量生产并大量装备部队。

自动火器的制造和使用，是中国军事技术的又一次革命。它和此前一系列军事装备进步一样，是引进和吸收外国先进技术并消化吸收的结果，在此过程中，徐寿、华衡芳等一大批军事科技专家克服重重困难，功不可没。从此，中华军事技术基本完成了向近代化的转变，使其在短短 50 年中向前跨越了整整两个世纪，大大缩短了与西方的差距。

朝鲜"甲申政变"引起中日谈判

光绪十一年（1885），清政府就朝鲜"甲申政变"与日本进行谈判。

光绪八年（1882）的朝鲜"壬午政变"平定以后，清军吴长庆部暂留朝鲜，后由袁世凯总理营务处，会办朝鲜防务。

光绪十年（1884）十月十七日，朝鲜开化党金玉均、洪英植等发动政变，带领日军士兵百余人占领王宫、诛杀后党，史称朝鲜"甲申政变"。朝鲜后党遂向驻朝清军求援。十八日，清将吴兆有、张光前率驻朝清军攻占王宫，击退日军。袁世凯身先士卒，立功最大。二十日，驻朝日本公使竹添进一郎自焚使馆，率兵冲出汉城，退到仁川驻防。十一月初五日，清廷派北洋会办大臣吴大澂查办朝鲜事宜。初六日，日本政府派外务相井上馨为全权大臣率军二千赴朝；而丁汝昌亦率超勇、扬威二舰及旅顺陆军抵朝。同年十一月二十四日，朝日订立《京城条约》，规定朝鲜惩凶、对日本谢罪、赔款。十二月初七日，井上馨建议中国撤回驻朝清军，被中国拒绝。光绪十一年正月二十五日，清廷派李鸿章为全权大臣，与日本商议解决朝鲜事宜。二十八日，日本全权大臣伊藤博文抵达天津，同李鸿章谈判。

双方先后会谈六次，最后终于在光绪十一年（1885）三月初四日，签订中日《天津会议专条》，共三款：中日两国同时从朝鲜撤兵；日后朝鲜若有变乱或重大事件，两国或一国派兵，彼此应先行知照，事定后即撤回；两国均不代朝鲜练兵。日本从该条约中取得进一步侵略朝鲜的便利，从此日本日益加紧准备独霸朝鲜和侵略中国的战争。

天津武备学堂建立

光绪十一年（1885）五月初五日，直隶总督李鸿章上奏朝廷，设立天津武备学堂。

天津武备学堂是中国近代第一所新式陆军学校，其规制略仿西洋陆军学堂，聘用德国教官，经费由北洋海防经费内开支。学员由各营挑选，文职愿习武者亦可入学，定额100人。课程设有天文、格致、测绘、算化等基础科目，以及炮台、营垒、马队、步队、炮队、行军、布阵、攻守等军事科目，兼习经史。学制初定为一年，考试及格即分配回各军营，量才定职。后来，学制逐渐延长，入学资格也相应提高。到光绪二十二年，已有学员280人，分设马、步、炮队各科。该学堂培养了中国最早的新式陆军军官，北洋系将领多出自于此。光绪二十六年（1900）八国联军攻陷天津时，学堂被焚毁。

北京紫禁城午门上的铺首与铜钉。在封建等级社会中，朱门金钉金铺首是最高等级的门户装饰，成为皇家建筑的一种标志。

海军衙门设立

光绪十一年（1885）九月，清政府在北京设立总理海军事务衙门。

鸦片战争后，清政府为加强海防，遂购买和制造兵舰，筹建海军。但原有指挥系统已无法适应海军高度灵活的特性，需建立全国性的海军指挥系统。尤其是中法战争中福建水师马尾惨败之后，清廷日益感到掌握海军统一指挥权的重要性。清廷于光绪十一年（1885）九月初六日在北京设立总理海军事务衙门，以醇亲王奕𫍽为总理大臣，庆亲王奕劻、北洋大臣李鸿章为会办，正红旗汉军都统善庆、兵部右侍郎曾纪泽为帮办，实权由李鸿章掌握。李利用整顿海防名义，大力购置外国船舰，并将南洋、福建水师较好的船只都拨到北洋，以扩充北洋海军。光绪十四年（1888）编成北洋舰队，设提督、总兵等海军官职。由于慈禧挪用海军经费修建颐和园，光绪十四年以后，海军便不再添置新舰，光绪十七年以后又停止购买军火。中日甲午战争中北洋海军覆灭后，清廷于光绪二十一年二月将海军衙门裁撤。

黄遵宪作《日本国志》

清光绪十三年（1887），黄遵宪著成《日本国志》一书。

黄遵宪（1848 ~ 1905），字公度，别号人境庐主人，广东嘉应州（今梅州市）人，光绪二年（1876）中举。光绪三年（1877），黄遵宪被任命为驻日本公使馆参赞。在日期间，他开始了解日本的历史、文化，尤为明治维新以来日本近十几年的巨大变化所吸引。光绪五年（1879），他着手撰写《日本国志》。1882年，调任驻美国旧金山总领事，1885年，由美归国，谢辞他任，闭门编撰，1887年，终于书成。

《日本国志》分12类，40卷，《国统志》3卷、《邻交志》5卷、《天文志》1卷、《地理志》3卷、《职官志》2卷、《食货志》6卷、《兵志》6卷、《刑

THE **CHINESE** CIVILIZATION

黄遵宪塑像

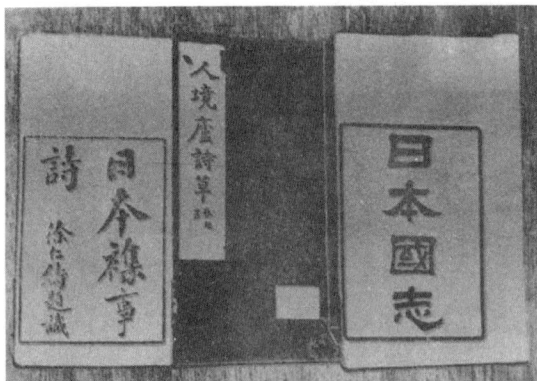
黄遵宪著作书影

法志》5卷、《学术志》2卷、《礼俗志》4卷、《物产志》2卷、《工艺志》1卷。

黄遵宪在《日本国志》里，肯定了君主立宪的政治体制。《国统志》记载了自古代至明治十一年八月的历史。于明治时期，则逐年逐月详细说明其维新改良措施。如元年（1868），记明治"亲临会公卿诸侯，设五誓：曰万机决于公论，曰上下一心，曰文武一途，曰洗田习、从公道，曰求智识于寰宇"。其后，种种"革故立新"之举，均由此开始。作者介绍了当时日本各个阶层、各种政治势力围绕着政体所展开的争论，给落后陈腐的中国提供了一个"政从西法、君主立宪"的道路。

黄遵宪还注重富国强兵、科技实学。他认为求强必须求富，求富之路，并非可以一蹴而就，维新带来的阵痛是难以避免的。富国强兵之道，绝离不开工艺实学的发展。他认为中国士大夫"喜言空理，不求实事之过"于国于民都非常有害。

黄遵宪还主张汉学、西学并重，兼而用之。他在《学术志》中叙述了汉学在日本的传播和发展的历史，然后又指出：明治维新以前，西学也在日本传播，那些从外国学校归来的人大都成了推动维新政治的得力人才；明治四年（1871）设立文部省，全面推行西方教育制度和教学内容。黄遵宪批评中

128

国存在着的对于西学的保守、狭隘看法，提倡国人在发扬汉学的基础上，大力学习西学，为我所用。

赫德军乐队创办

光绪十一年（1885）左右，担任中国海关总税务司的英国人罗伯特·赫德在北京创办了一支由中国人组成的军乐队，这就是当时著名的赫德乐队。

在当时传入中国的西洋音乐中，军乐（或称铜管乐）以其音量宏大、音色明亮、节奏感鲜明强烈、演奏技巧较易掌握、易于行进又不受场地限制等特色而深受欢迎，军乐队的形式便较受各界注意。赫德喜好文学和音乐，且能演奏小提琴和大提琴。他发现天津海关有一洋雇员会训练乐队，便出资招募一批中国人在天津开班。一年后8名学员毕业调回北京，成为乐队的骨干。赫德又请葡萄牙人恩格诺到北京作指导，使这支乐队技艺不断提高。1890年乐队只有10人，后扩充至24人。1900年，乐队队员随义和团运动的兴起而四散，事后赫德又将队员召回。乐队一直维持至1908年他离开中国。

天津《时报》创刊

光绪十二年（1886）十月十一日，天津海关税务司德璀琳与怡和洋行经理笳臣集股在天津创办《时报》（日报），聘请英国传教士李提摩太为主笔。该报每日均有论说一篇，亦转载其他报纸的社论，鼓吹侵略有理，有"外人在华北的圣经"之称，是英国在华的重要喉舌，5年以后该报自行停刊。

《时报》主笔李提摩太亦曾主笔《广学会年报》、《时事新论》等，还著有《留华四十五年记》等著作。

中国铁路公司建立

　　光绪十三年（1887），李鸿章组成中国铁路公司，亦称天津铁路公司、津沽铁路公司，任命伍廷芳主持其事，负责财务；又以金达为技师，负责筑路工程。公司为官督商办。

　　伍廷芳（1842～1922），字文爵，号秩庸，广东新会人，曾留学英国学习法律，期满后回香港任律师，不久受聘为香港法官兼立法局议员，光绪八年入李鸿章幕府。中法战争后，洋务派为了军事的需要，积极提倡兴筑铁路。为把唐胥铁路延伸到芦台，李鸿章在开平矿务局下设运煤铁路公司，命伍廷芳主持具体事务。光绪十三年二月，醇亲王奕譞奏准把该铁路向东延伸至山海关，向西延伸至天津和北京，李鸿章为此将开平运煤铁路公司改名为中国铁路公司，承建津沽等铁路。

广学会成立

　　光绪十三年（1887），广学会由英、美基督教（新教）传教士创立于上海。

　　广学会是清末外国传教士、领事和商人在中国创办的最大的出版机构，它是由光绪十年（1884）设立的“同文书会”改组而成，光绪二十年（1894）改名为“广学会”。该会由中国海关总税务司英国人赫德任第一任董事长，英国传教士韦廉臣、李提摩太先后任总干事。主要成员有英国的慕维廉、艾约瑟，美国的丁韪良、林乐知、李佳白，德国的花之安等。广学会出版汉文书籍，标榜“以西国之学广中国之学，以西国之新学广中国之旧学”。该会翻译出版了大量宗教、政治、史地、伦理等书籍，如《泰西新史揽要》、《中东战纪本末》等；并发行《万国公报》，宣传宗教、西学，鼓吹改良，对维新派影响颇深。广学会还企图通过出版的书刊来解除中国人的武装，主张变中国为外国保护国。该会除了上海以外，还在北京、奉天（今辽宁沈阳）、西安、南京、烟台等地设有专门机构，以进行会务活动。

华蘅芳制成中国第一个氢气球

光绪十三年（1887），中国第一个氢气球由华蘅芳制作成功。

1885年，天津武备学堂购买了一个中法战争时法军在越南前线使用过的旧气球，并请了德国教习修复，以供学生实习参考。无奈德国教习无法修复，遂请科学家华蘅芳制造。1887年，华蘅芳经多次试验，终于制成一个直径5尺（约1.7米）的气球，并以自行制备的氢气充气，成功地升空。这就是第一个由中国人自行研制成功并在中国升空的氢气球。

台湾建省

光绪十三年（1887），台湾建省。

台湾孤悬海外，清廷曾设知府管辖，隶属于福建省。鸦片战争后，屡遭外国窥伺、侵略。到日本侵台时，台湾危机才逐渐引起清廷注意。其时，沈葆桢抚台，改添州县，设二府四厅八县，初步奠定了行省规模。中法战争，法军攻台湾，危机再度发生。光绪十三年（1887）九月十六日，闽督杨昌浚、台抚刘铭传会奏朝廷，力陈台湾建省的必要性。清廷采纳了这一建议，在台湾正式建省，下辖三府一州五厅十一县。新设首府为台湾府，辖台湾、彰化、云林、苗栗四县和埔里社厅；原台湾府改为台南府，辖安平（原台湾县）、嘉义（原诸罗县）、凤山、恒春四县和澎湖厅；台北府辖淡水、新竹、宜兰三县和基隆厅、南雅厅；添设台东直隶州，由原卑南厅升置，辖花莲港厅。这是中国历史上台湾的首次建省。在清朝统一政权管辖下，台湾的经济、文化都得到了一定发展。

刘铭传台湾建省图

英军侵略西藏

光绪十四年（1888）正月，英军发动第一次侵藏战争。

同治年间，英国先后吞并中国西藏邻国不丹、锡金，开拓入藏道路。光绪二年（1876）又逼清廷签订《烟台条约》，获得英人入藏探路的特权，一再派员到西藏活动，并派人从哲孟雄（今锡金）修筑道路直到西藏境内。但是其入藏企图遭到藏族人民坚决反对，于是英国开始在西藏亚东以南集结军队，准备实行武力入藏。西藏地方当局遂在隆吐山建卡设防、捍卫疆土，清驻藏大臣文硕亦积极支持武装抗英。光绪十四年（1888）正月，英国借口哲孟雄问题，悍然进攻隆吐山藏军，发动第一次侵藏战争。藏军英勇抵抗，终因寡不敌众，隆吐山、亚东、郎热等要隘相继失守。清廷一意求和妥协，驻藏大臣文硕因不奉命撤哲孟雄驻军，被慈禧革职，以长庚代之，又命驻藏帮办大臣升泰驰赴前线求和，同时派海关税务司赫德之弟赫政协助升泰。升泰赴藏后，亲赴前线求和，于是第一次侵藏战争结束，中英开始谈判。

光绪十六年二月，升泰同印度总督兰士丹在加尔各答签订《中英会议藏印条约》，十九年十月二十八日中英又签订《藏印续约》：中国承认锡金归英国保护，开放亚东为商埠，英国在亚东享有治外法权和进口货物、五年不纳税等特权。从此英国势力渗入西藏，西藏开始动荡不安。

西藏抗英遗址——绍冈乃尼寺

北洋海军建成

北洋海军相对起步较晚，起点也最低。光绪元年（1875）李鸿章奉命督办北洋海防时，仅有 4 艘轮船。然而，经其大约 20 年的苦心经营，到 1894 年甲午战争前，北洋水师在军事实力、基地建设制度、训练以及近海防御体系和后勤保障体系等方面已基本达到同期世界先进水平，

刘公岛上清朝北洋水师提督署遗址。

成为清代唯一的一支具有近代规模的正式海军舰队。

李鸿章上任后，采取了一系列强有力的措施。在经费方面，他极力游说，

北洋舰队主力舰——"镇远"号

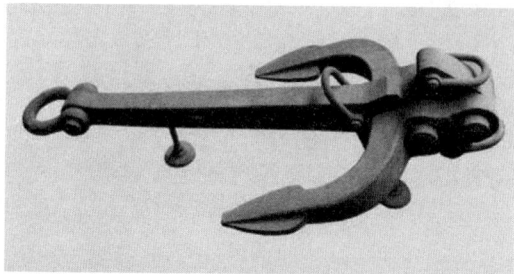
"镇远"舰的铁锚

使清政府将发展海军的财力绝大部分投入北洋。在 1885 年 10 月组建的海军衙门，他独揽了实际的权柄。当海防经费由各省支付以后，北洋海军的 8 艘铁甲巡洋舰的经费却由海军衙门直接拨给。从 1875 年至 1894 年，北洋海军平均每年的经费超过 100 万两白银，是其他各路海军所难以企及的。李鸿章还利用权势将各路海军中的先进舰船和装备调入北洋，更拉大了与其他海军的距离。为了避免分散发展，他还将原属直隶、奉天、山东三省的军舰统一于北洋，使力量相对集中。到 1888 年，北洋海军已拥有 25 艘各类舰船。北洋海军正式建军，成了一支具有自己独立的作战任务、作战能力和保障系统的近代化舰队。

为了保证这支装备精良的舰队的作战能力，北洋海军加紧了它的体制、基地和后勤保障系统的建设。在海军衙门的参与下，拟订并颁行了《北洋海军章程》。以英国的海军章程为主要参考，补充了德国的一些制度，根据中国的实际，将船制、官制、升擢、事故、考核、俸饷、恤赏、工需杂费、仪制、钤制、军规、检阅、武备、水师后路各局等 14 个大项制度化，内容细致完备，是甲午战争前清朝军事制度的最高成就。他们特别重视军官的培养，北洋海军的中高级军官大多是福州船政学堂和天津水师学堂的毕业生，有相当一部分曾留学过英、法，直接接受过西方海军的教育和训练。为了学习外军的先进经验，北洋海军以合同的方式，先后聘请了几十位外国人担任舰队的顾问和教练以及水师学堂的教习，十分注意对他们的管理，明确其权利和义务，形成了一整套规定。

在完善舰队体系、增强作战能力的同时，北洋海军进行了以大沽、旅顺和威海三大基地为主体的、集近海防御和后勤为一体的保障体系建设。大沽船坞是北洋海军建立的第一个小型舰船维修基地。附近有完整的配套工厂及供给码头。威海军港完成于甲午战争前，是北洋海军驻泊操练的补给基地，北洋海军提督衙门就设在这里。

先进的武器装备，完整的保障体系，颇具近代特色的制度和训练，使北洋海军成为当时远东国家最强大的海军舰队之一，在世界近代海军发展史上占据着相当重要的地位。

詹天佑修筑铁路

詹天佑（1861～1919），字眷诚，广东南海人。同治十一年（1872）作为清政府派出的第一批幼童生赴美国留学，1881年以优异成绩毕业于美国耶鲁大学土木工程系。同年回国，就学福州船政局后学堂。此后，相继在福州船政局、广东博学馆、广东海图水陆师学堂任教。曾修建炮台并测绘中国第一幅海图——广东沿海图。1888年起，参与和主持修筑多条铁路，成为中国铁路工程的先驱。

詹天佑先后参与修建、勘测和主持修建的铁路路线有：京奉铁路、江苏铁路、京张铁路、张绥铁路、津浦铁路、洛潼铁路、川汉铁路、粤汉铁路和汉粤川铁路等。

詹天佑像

1905～1909年，他以总工程师的身份主持修建的京张铁路全长200多公里，是第一条由中国人勘测、自行设计和施工的铁路。詹天佑克服种种困难，以有限的经费、高超的技术，用复式大功率机车前引后推，大坡度"之"字线展线，越过险峻的八达岭；并采用新工程技术，减少了工程数量，缩短了工期，节约了费用，受到中外人士的高度赞扬。

此外，詹天佑还勘测设计并主持修筑了中国自建的川汉铁路宜昌至万县段以及主持了粤汉铁路和汉粤川铁路的修建工程。在修路过程中，他在土木工程上多所创造。他采用竖井法修建了当时中国最长的 1091 米的八达岭隧道；在津榆铁路滦河大桥工程中，使用气压沉箱法建筑基础；解决津浦线黄河大桥的桥孔布设问题；在全国推广使用自动车钩；采用标准铁轨等。詹天佑主持修建工程强调反复勘测调查，其设计讲究实用、安全、经济。他还主持制定了铁路建设技术标准和规范，为中国早期铁路建设统一技术标准打下了基础。

1909 年，詹天佑获清政府工程进士第一名。1912 年，詹天佑创办中华工程师会并担任第一任会长。他还相继被英国铁路轨道学会、英国皇家工商技艺学会、英国北方科学文学艺术学会、美国土木工程师学会吸收为会员。1916 年，他获香港大学法学博士学位。此外，詹天佑还编写了中国第一部《华英工学字汇》，另外并著有《京张铁路工程记略》等著作。

大足教案爆发

始建于光绪十三年 (1887) 的北京西什库天主教堂。

光绪十六年（1890）六月，四川爆发大足教案。

早在光绪十二年（1886），四川大足县民众曾因不堪外国传教士肆虐，拆毁龙水镇、三驱场、万古场等地的教堂，次年又将重建的龙水镇教堂夷为平地。但教士又纠工重建，并扩展地基，加厚围墙。

光绪十六年（1890），教堂重建竣工，适值当地传统的灵官庙会会期临近，教士彭若瑟胁迫知县发布告示，严禁迎神赛会，并派兵守卫教堂。六月十九日，灵官会期间，又发生教徒打死群众和烧毁民房事件。

群众怒不可遏，奋起捣毁教堂。以挑煤为业的余栋臣组织煤窑、纸厂工人及挑贩数百人竖旗起义。六月二十三日，余栋臣等攻入龙水镇，杀死教民 12 人，焚毁强家坝教堂，并发布檄文，号召群众驱逐外国传教士。大足教案爆发，清廷急派桂天培带兵到大足查办，桂对起义者剿抚兼施，余栋臣率众退至该县边境西山中坚持斗争。四川总督以赔银 5 万两、缉捕"凶手"而结案。

清朝

1894A.D. 清光绪二十年

四月，朝鲜政府以东学党起义，来请救助。七月，中国对日本宣战。八月，日军攻平壤。海军提督丁汝昌率舰与日海军遇于大东沟迤南洋面，海战。孙中山创兴中会于檀香山。

1895A.D. 清光绪二十一年

日军陷威海卫，丁汝昌自杀，其部下以残余军舰降。李鸿章与日本伊藤博文等签订《马关条约》。重修颐和园成。

1897A.D. 清光绪二十三年

工部主事康有为第五次上书，请变法救亡。

1898A.D. 清光绪二十四年

二月，德国强租胶州湾，期限99年。俄国强租旅顺口、大连湾，期限25年。三月，法国强租广州湾，期限99年。四月，下诏定国是，决定变法维新。英强租九龙半岛及附近港湾，期限99年，又强租威海卫，期限25年。慈禧皇太后再出训政，御殿理事，幽德宗于瀛台。革康有为等职，命各地严缉，杀谭嗣同、杨锐、刘光第、林旭、杨深秀、康广仁等6人，罢一切新政。

1899A.D. 清光绪二十五年

山东义和团起。

1900A.D. 清光绪二十六年

义和团发展至北京。会同官军攻东交民巷各使馆。英、法等八国联军攻陷大沽口。下诏宣战。联军由天津逼北京。慈禧太后携德宗出走，至西安。联军入北京，四出焚杀淫掠。八月，命庆亲王奕劻与各国议和。

1895A.D.

11月，慕尼黑大学教授兰特根发明X光。

1896A.D.

诺贝尔奖设立。

1898A.D.

名作家左拉为德累否斯案主张公道，被判徒刑一年。

美国向西班牙宣战。12月10日，正式和约在巴黎签订。

1899A.D.

部尔战争爆发。

反洋教运动声势浩大·教案频发

十九世纪末年，由于教会势力的压迫，中国各地频频有教案发生，只光绪十七年（1891）就有数起。

先是扬州教案发生。江苏扬州会党为反抗教会势力，发布揭帖，约期拆毁教堂。地方官贴出告示禁止，但告示刚出，就被撕碎，另贴红条，上面写着——"官府受贿，保护洋人"。四月，五六千人包围教堂，冲坏后门，砸毁围墙。事发后地方官派兵强行将群众驱散。

几乎与此同时，芜湖也发生了教案。市民因教会拐带幼童，在王光全、傅有顺率领下，聚众近万人，群起焚毁教堂，并包围英国领事公署，后被长江水师兵船开炮轰散。事后，两江总督刘坤一将王光全、傅有顺处死，撤换道员及芜湖知县，赔银 12.6 万两结案。但芜湖反洋教的消息传开后，反洋教运动闪电般在安徽、江苏、江西、浙江各地展开。丹阳、无锡、江阴、南昌等处的哥老会众，也纷起烧毁教堂。反洋教的惊涛骇浪，从长江下游波及中游。

天主教堂在上海开办孤儿院，图为院设工场内以画圣像为主的图画间。

民族大危机时期

　　四月二十五日，江苏丹阳县人民发现教会墓地埋葬儿童尸首 70 多具，育婴堂内也没有一个活婴。此事激起公愤，人们群起将教堂焚毁。丹阳教案波及无锡、金匮、阳湖、江阴、如皋等县，各地纷纷发动反洋教斗争。后以两江总督刘坤一惩处 6 知县、捉捕 21 人判刑并赔款 12 万元结案。

　　四月二十九日，天主教徒欧阳理然携带 4 名幼童送往九江法国天主教堂，路过湖北广济县武穴镇码头时，死去一名幼童。当地群众对教会积愤已久，当即焚毁武穴教堂，击毙英国金教士及海关检查员柯林。后湖广总督张之洞捉捕 2 人抵命，赔恤费 4 万元、教会 2.5 万元结案。

　　七月二十九日，湖北宜昌群众数千人焚毁法国教堂、美国圣公会及英教士商人住宅。事情起因于宜昌法国天主教圣母堂收买被拐带的小孩，亲属到教堂索还，洋教士向群众开枪，由是激起了民愤。宜昌教案引起英、法、美、意、比、德、俄、日、西班牙九国公使联衔向清政府交涉；英、德、俄、意的炮舰更是尽行出动，且定期联合演习；陆战队在租界"操演"，进行武力恫吓。张之洞电令"悬赏缉凶"，并将十余人充军或笞杖，赔款 17.5 万元结案。

　　由于清政府奉行对内镇压、对外妥协的政策，声势浩大的反洋教运动受到了镇压。

康有为发挥今文经学

　　康有为（1858 ~ 1927），又名祖诒，字广厦，号长素，广东南海人。青少年时期受到较好的传统教育，早年治古文经学。由于民族危机的日益加深，他开始向西方寻求救国救民的真理并开展维新变法的宣传和组织工作，维新变法失败后逃亡日本并变为保守派，转而攻击资产阶级民主革命。辛亥革命后，他又支持帝制复辟。

　　自道光、嘉庆年间常州今文经学派兴起以来，龚自珍、魏源、王闿运、廖平等人不断融汇新知，予以阐发。康有为结识廖平并读了其著作《知圣篇》、《辟刘篇》等后，对此发生了极大的兴趣。龚自珍、魏源等人以《公羊》义例评议社会政治的传统为其继承，以经学形式将其新的思想内容加以融汇和阐发，著成集今文经学之大成的著作《新学伪经考》、《孔子改制考》作为其"变法维新"的理论依据，极大地影响了当时的思想界。

康有为为了说明自然和社会的进化是一种普遍的规律，将《周易》"变易之义"与其所掌握的近代天文学、生物进化论知识结合起来，认为"变易"是事物发展的必然法则，提出了"变者天之道"的命题，主张以"善变"来应付天变。而且在这一"变易"理论中注入了资产阶级进化论的新内容，变法维新的实际政治内容被充分融合在其理论阐发之中。此外他还将孔子的"仁"与近代资产阶级"天赋人权"论相掺合，构成其"以仁为主"的博爱说，并肯定人的自然本性，抨击了理学及宗教的梦欲主义，成其"大同"理想的理论依据。从而，封建社会束缚和摧残个性自由发展的种种弊端都遭到了尖锐的揭露和抨击。更值得重视的是，他把矛头直接指向封建纲常名教，重视妇女人权问题。其反封建的进步性显而易见。

康有为撰著了大量著作，其中包括经部 18 种、史部 62 种、子部 22 种、集部 26 种，将其思想予以发挥。

康有为于 1891 年正式刊行了《新学伪经考》，以批判刘歆为名，对古文经学乃至程朱理学、汉学予以猛烈地抨击，认为西汉末以来为历代统治者所推崇的儒家经典即古文经学都是刘歆为王莽篡汉而伪造出来的，它湮没了孔子的真正思想和义理。这一大胆的怀疑和否定，把相传已久的大部分儒家经典都说成伪经的做法，虽不免简单武断，有些违背历史实际，但却旨在破除人们对经学教条化的迷信，为变法维新扫清了思想障碍。

《孔子改制考》刊行于 1898年，他把历代认为"述而不作"儒家宗师孔子说成是"托古改制"

广东南海康有为故居

的"教主",认为"六经"是孔子为治理"乱世"而变法改制的著作,为其在变法维新运动中与顽固派较量找到了有力的武器。在他看来,孔子"改制"的思想精髓乃是公羊学(今文经学)所谓的"三世",即人类历史必须经历从"乱世"、"升平世"到"太平世"三个阶段,这样其主张的由君主制到君主立宪制再到民主共和国的历史进化路径就从传统理论中找到了基石。

为了阐发其社会理想,他还撰述《大同书》,取《礼记·礼运》中"大同"之意,与"三世"说相表里,勾画了一个由乱而治、实现太平盛世的空想社会蓝图。而古老的《春秋公羊》说在此被赋予了崭新的思想内容。

康有为的学术思想和政治主张如"大飓风"和"火山大喷火"一般横扫了当时思想界的保守派,引起了社会的反响。

西道堂创建

清末,伊斯兰教内部出现了一些新教派,西道堂便是其中很有影响的一派。

西道堂创于甘肃临潭县旧城,创始人马启西(1857~1914),他幼攻《四书》、《五经》,博览诸子百家,深受汉文化薰陶,又钻研伊斯兰教著作,成为饱学多识的伊斯兰学问家。光绪十七年(1891)他设帐讲学,把儒、佛、伊三教融为一体,表现出极高的悟性,被称为汉学派。但伊斯兰教其他派系指责他宣传邪教,多次打击他,造成教派冲突。马启西避祸3年后归来,正式命名所传之教为西道堂。

辛亥革命后,西道堂主张移风易俗,重品德讲信义,以"五件天命"课为全功,主张男女上学,不强制儿童念经,重视营商务农,教徒以道堂为家,过集体生活。这些主张深受回、撒拉、保安等少数民族贫苦民众欢迎,纷纷前来投靠,形成兴旺景象。1914年,花寺门宦马安良率兵包围西道堂,杀害马启西。之后,西道堂在马明仁、敏志道领导下几经曲折又得复兴,成为拥有巨大财富的宗教社团兼商团。在教团组织上实行封建家长制,教主具有至上权威,终身担任但不世袭,其下教坊互不隶属,兼有门宦与格底目的特点,教权为敏、马、丁三大家族包办。

俄国侵占帕米尔

光绪十八年（1892）五月，沙俄约诺夫上校奉命率俄军强行闯入帕米尔东部一带，驱逐中国柯尔克孜族牧民，毁掉中国所设卡伦，建立帕米尔斯基哨所，将塔格敦巴什以南的中国帕米尔地区纳入俄国版图。英国也趁机向此地扩张，帕米尔地区陷入危机。

为防止俄国的继续入侵，清政府被迫沿萨雷阔勒岭与俄军对峙布防，形成帕米尔纳入俄国的既成事实。光绪二十年（1894），俄国向清政府提出暂时保有双方军队各自的位置。清政府被迫同意，但声明中国对帕米尔仍保有领土权利。

光绪二十一年（1895）二月，沙俄背信弃义，转而与英国订约，擅自与英国瓜分了中国萨雷阔勒岭以西的帕米尔。

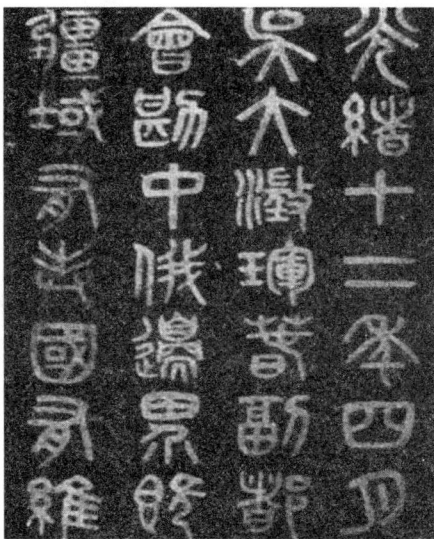

清政府早年派员勘定的中俄边界铜柱文

卢戆章提出汉字改革方案

光绪十八年（1892），卢戆章提出了汉字改革方案——《中国第一快切音新字》。

卢戆章（1854～1928），字雪樵，福建泉州人。曾到新加坡谋生，兼学英文。1880年回国，在厦门以教华人英语和西人华语为生。在当时教育救国思潮的影响下，卢戆章认识到："国之富强，基于格致，格致之兴基于男妇老幼皆好学识理。其所以能好学识理者，基于切音为字，则字母与切法习完，凡字无师能自读；基于字话一律，则读于口遂即达于心；又基于字画简易，亦即易于着笔，省费十余载之光阴；将此光阴专攻于算学、格致、化学，以及种种之实学，何患国不富强也哉？"（《切音新字》序）有鉴于此，他在民间方言韵书《十五音》的基础上，以10年之功，于1892年创造出一个"两字合切成音"的厦门话拼音文字方案，字母采用拉丁字母和它的变体。目的是使"字话一律"，普及教育。这个方案定名为《中国第一快切音新字》。同时还出版了《一目了然初阶》拼音课本，在厦门开班传授。1898年，卢戆章将此方案交都察院上呈清政府审查，因维新变法失败未果。

卢戆章是中国第一个提出改革汉字和制订切音字方案的人，对汉字拼音的发展具有开创意义。

中国最早的葡萄酒公司成立

光绪十八年（1892），爱国华侨张弼士在山东烟台独资创办中国最早的葡萄酒公司——张裕酿酒公司。张弼士先后从国外引进雷司令、贵人香、玛瑙红、蛇龙珠、赤霞珠、梅鹿辄等120多种优质葡萄品种，在烟台建成两座葡萄园；又从国外引进先进的酿酒设备，并聘请意大利酒师，终于酿制出风格独特、名闻遐迩的葡萄酒，其品牌有可雅白兰地、红葡萄酒、味美思、雷司令干白葡萄酒等。1915 年，可雅白兰地在巴拿马赛会上获得 4 枚金质奖章和最优等奖状，遂更名为金奖白兰地。

朝鲜东学党起义引发中日战争

　　光绪二十年(1894)正月初三日，朝鲜民间反政府秘密组织东学党(又称"东学道")在金罗道古阜郡举行起义，拒纳附加税，以全琫准为总督，传檄四方，痛诋吏治腐败。二月，朝鲜南部全罗、忠清、庆尚三道人民群起响应，与政府军交战。四月，起义军攻占全罗道首府金州。朝鲜政府请求清政府派兵赴朝，协助镇压。日本政府也极力诱劝清政府出兵。

　　五月初一日，李鸿章派淮军将领、直隶提督叶志超和太原镇总兵聂士成率兵 2000 多人赴朝，并由驻日公使汪凤藻照会日本政府，通知中国出兵一事。其实，日本早就作好了占领朝鲜的准备，并按预定计划于五月初二日成立了战时大本营，同时，以护送驻朝公使和保护使馆商民为名，于五月初六日在仁川登陆，初七日侵占汉城。东学党起义被镇压后，李鸿章建议中日两国同时撤兵。但日本蓄意扩大事态，拒不从朝鲜撤兵，并提出由中日共同监督朝鲜"改革内政"，遭到中国拒绝。

　　光绪二十年（1894）五月，驻朝日使大鸟圭介向朝鲜国王李熙提出"改革内政"的书面要求；六月十八日要求朝鲜驱逐清军并宣布废除中朝签定的各条约。二十一日，朝鲜政府未予答复，日

清军将领左宝贵（1837~1894）于 1894 年率军抵朝鲜平壤抗击日军时，坚决反对主帅叶志超弃城逃跑的主张，在亲临城头指挥御敌时中炮身亡。

145

军随即攻占朝鲜王宫。二十三日，大鸟迫使大院君"授权"日军驱逐中国军队。同在二十三日，日舰在牙山口外突袭中国由朝返航的运兵船，正式挑起了侵略中国的战争。七月一日，中日双方正式宣战。

商战思想兴起

近代兴起的商战思想在光绪十九年（1893）出版的郑观应所著的《盛世危言》一书中得到了集中反映。

鸦片战争后，传统的"耕战"和"富国强兵"思想被赋予时代的新内容。商战思想由此兴起。

1862年，曾国藩最早提出西洋以"商战"而兴国，但他没有明确地说中国也应重视"商战"。1868年，有人提出与西洋通商有利于"商战"，但指的却是对外通商的特定国际关系。在创办近代军事工业和大量购买武器时，清政府也深感财力不足。一些有识之士逐渐认识到西方资本主义国家工商富国的深厚经济背景。西方侵华的根本目的乃是图"利"，建设坚强的国防以保卫利权和民族工商业的发展，成为当时十分引人注目的新思潮。李鸿章、丁日昌、朱采、薛福成、刘铭传、郑观应、李璠等人对此都有极精彩的论述。

当时影响最大的是郑观应所阐发的"决胜于商战"的思想。《盛世危言》一书是他自中法战争以来对强兵与社会政治、经济、文化教育等各方面关系冷静思考的产物。他认为，国富而后强，强了以后才能保富。鸦片战争以后，在军事上的重大改革举措未能收到预期的效果，根本原因是国家太贫困，缺乏保障军需的经济基础。他还以日本的成功为借鉴，从而得出中国必须改革旧法，大力发展工商业，以商战促兵战；同时加强国防建设，以兵战保护商战的"兵商并举"的结论。

"商战"思想的提出适应了当时民族危机严重的形势，体现了强烈的爱国主义精神，因而获得广泛的响应。这是一种打着时代烙印的、比较典型的近代综合国防思想。

"实业救国论"提出

19世纪末20世纪初，在清政府卖国政策和西方帝国主义列强的肆意掠夺下，中国民族危机空前严重。面对帝国主义猖狂的殖民掠夺，广大人民义愤填膺，已经初步形成的中国资产阶级也日益焦虑。在这种形势下，资产阶级上层人物提出"实业救国论"，并获得广泛的响应，成为风行一时的论调。

甲午战争后，陈炽在《续富国策》中鼓吹"劝工强国"，是实业救国论的滥觞。20世纪初，资产阶级代表人物张謇在理论上极力宣扬实业救国，在实践上致力实业建设，造成很大影响。宣扬实业救国论的主要是民族资产阶级上层的代表人物，在国内以张謇、汤震等为代表，在国外以康有为、梁启超为代表。但他们宣扬实业救国的目的之一是对抗孙中山领导的资产阶级革命。辛亥革命后，孙中山为首的资产阶级革命家也曾一度提倡实业。

中美华工条约签订

光绪二十年（1894）二月十一日，清驻美公使杨儒与美国国务卿葛礼山在华盛顿签订《限禁来美华工保护寓美华人条约》六款。

《限禁来美华工保护寓美华人条约》对在美国的华人及华工提出了一系列苛刻的约束条件：住在美国的华工如果离开美国，时间超过了规定的一年期限，就再不能进入美国国境；不准在美华人入美国籍；居住在美国的华工，都必须按照美国国会通过的苛待华工条例进行登记。这个条约的期限为10年。

清代末年，中国南方沿海有许多穷人到海外谋生。美国当时正面临着对国土资源的大面积开发、迫切需要大批劳动力的局面。于是，美国将注意力转到廉价的中国劳工身上，利用《中美续增条约》招收华工，开发资源。但在资源开发后，又用《限禁来美华工保护寓美华人条约》排斥华工入境。该条约期满后，美国拒绝废约，并要求续订新约，激起了中国各界人士的反美爱国运动。

《蚕桑萃编》集蚕桑技术大成

光绪二十年（1894），直隶（今河北省）官办蚕桑局（设在保定）负责人卫杰（四川人）根据亲身经历和川籍缫丝织绸工匠的技术，并参考各种古书，编成《蚕桑萃编》15卷。其中涉及栽桑、养蚕、缫丝、拉丝棉、纺丝线、织绸、练染的有10卷，另有蚕桑缫织图3卷和外记2卷。这是中国古代篇幅最大的一部蚕书，集种桑养蚕和各种缫丝织绸技术之大成，反映了当时中国手工缫丝织绸技术的最高成就。

清代的一幅缂丝花卉

《蚕桑萃编》除对中国古蚕书进行简略评介外，着重叙述了当时中国蚕桑和手工缫丝织染所达到的技术水平。蚕桑缫织图谱绘有当时使用的各种生产器具，并附有文字说明，有很高的史料价值。此外，该书还首次介绍了英、法、日本的蚕桑技术和蚕务情况。

甲午中日海战·北洋海军覆没

光绪二十年（1894）八月十三日，李鸿章派招商局轮船五艘运兵12营增援平壤清军，北洋海军提督丁汝昌率"定远号"等北洋舰艇16艘护航。十八日上午返航途中，突遭由日本海军中将伊东祐亨率领的"松岛号"等12艘日舰袭击。丁汝昌下令迎战。日舰利用航速快、炮位多的优势，以新式战舰"吉野号"为首，避开北洋舰队"定远"、"镇远"两主力舰，绕向侧后猛轰两翼

邓世昌像

致远舰的部分官兵

中日海战中被击伤的日本主力舰"松岛号"

甲午战争中的威海卫海战图

小舰，而以首炮狂轰定、镇两舰背面，致使北洋舰队队列混乱，陷于被动。丁汝昌负伤后仍坚持指挥旗舰"定远号"炮击敌船；"致远号"管带邓世昌在军舰受重创后，下令开足马力向"吉野号"撞去，以期与之同归于尽，不幸被鱼雷击沉，全舰官兵250多人壮烈牺牲。战斗持续约5个小时。黄海海战中，北洋舰队战舰损失5艘，死伤官兵1000余人；日舰重创数艘，死伤600余人。

　　十二月二十五日，日本出动舰艇25艘，护送日兵2万余人，在威海东南登陆。二十七日，清军营官孙万龄率部于桥头集附近多次击败从陆路进犯的日军，不久因无援败退。三十日，日军分两路从陆上包抄威海卫背面，并命战舰从正面炮击威海卫，封锁港口。李鸿章严令海军提督丁汝昌避战保船，严禁出海作战，以致坐失战机。光绪二十一年正月初八，威海卫陷落。因日军炮轰，北洋舰队"定远"、"来远"、"威远"、"靖远"诸舰相继沉没，12

149

艘鱼雷艇全部被掳。正月十三日，北洋海军副提督英国人马格禄和顾问美国人浩威勾结部分将领，煽动兵勇水手哗变，逼丁汝昌降敌。丁宁死不从，并下令沉舰毁台，部属拒不从命。十八日，丁汝昌及守岛记名总兵张文宣等自杀。马格禄、浩威等盗用丁汝昌的名义，派程璧光向日本舰队请降。二十日，营务处道员牛昶炳与日本海军中将伊东祐亨签订刘公岛降约 11 条。威海卫内所剩舰艇 11 艘和其他军械都落入敌手。至此，李鸿章经营约 20 年、耗资几千万两的北洋舰队全军覆没。

兴中会建立

1896 年断发后的孙中山

光绪二十年（1894）十月二十七日，孙中山在檀香山创立兴中会。

孙中山（1866～1925），名文，字德明，号逸仙，广东香山（今中山市）翠亨村人。光绪十九年（1893），孙中山在广州行医的时候，曾与陆皓东、郑士良等集会，提议创设兴中会，以"驱除鞑虏，恢复华夏"为宗旨，但尚未建立组织机构。

光绪二十年（1894）初，孙中山上书李鸿章，提出变法自强主张，不被采纳。同年十月，孙中山前往檀香山，联合华侨人士 20 多人，成立兴中会。其章程规定以"振兴中华，维持国体"为宗旨。在入会秘密誓词中，提出了"驱除鞑虏，恢复中华，创立合众政府"的奋斗纲领。

会员由几十人增加到约一百二三十人，多数为华侨中、小资本家，也有部分工人、会党和知识分子参加。光绪二十一年（1895）正月，在香港成立兴中会总部，推黄咏商为首任会长。不久准备在广州起义，但事情败露，陆皓东等被捕牺牲，孙中山逃亡国外。光绪二十五年（1899）派陈少白到香港创办

《中国日报》，次年年初出版。光绪二十六年（1900）闰八月，兴中会又派郑士良在惠州（今广东惠阳）三洲田发动起义，因为外援没有按计划来到，起义队伍中途遣散。

兴中会是中国最早的资产阶级革命团体，该会先后在横滨、长崎、旧金山、台北、河内

在广东省中山市（原香山县）翠亨村的孙中山故居。

及南洋、南非等地遍设分会，主要在华侨中发展组织。

光绪二十九年（1903），兴中会改入会誓词为"驱逐鞑虏，恢复中华，创立民国，平均地权"。光绪三十一年（1905），兴中会与华兴会和光复会等联合组成中国同盟会。

中日《马关条约》签订

光绪二十一年（1895），中日《马关条约》签订。外国资本主义对中国的侵略进一步深入，中国的半殖民地化和民族危机进一步加深。

光绪二十年（1894）十月旅顺失守后，慈禧害怕日军进犯京津，支持奕䜣委托美使田贝秘密向日本疏通。第二年正月，清廷任命李鸿章为头等全权大臣赴日，与日本商谈和约。

二月二十四日，李鸿章同日本首相伊藤博文、外务大臣陆奥宗光等在马关（今下关）春帆楼开始谈判。谈判过程中，日本肆意勒索，所提各项条款，

只准李鸿章说"允,不允两句话而已",并时时以战争再起和进攻北京相威胁。三月二十三日,李鸿章被迫在条约上签了字。

《马关条约》共 11 款,附有《另约》和《议订专条》。主要内容包括:中国承认朝鲜完全"自主";中国割让辽东半岛、台湾、澎湖给日本;赔偿日本军费二万万两;开放沙市、重庆、苏州、杭州为通商口岸;允许日本人在中国通商口岸设立工厂、输入机器,日本在华制造的一切物品免征各项杂税;交换俘虏,中国立即释放日军事间谍或因涉嫌而被逮捕的日本人。

四月八日,清政府批准了这一丧权辱国的条约。十四日,中日双方在烟台互换批准书,《马关条约》开始生效。这是继《南京条约》以后,清政府签订的最严重的卖国条约。它标志着外国资本主义对中国的侵略进入帝国主义阶段。

《马关条约》的签订,使日本的在华势力过分膨胀,引起俄、法、德、美、英等国的不满。不久,日本被迫退还辽东半岛,但同时向清政府索取"赎辽费"3000 万两。

中日谈判,签订《马关条约》。